大航海時代に
わが国が西洋の植民地にならなかったのはなぜか

しばやん
Shibayan

文芸社

※本書に引用させていただいた出版物については、旧字体は新字体に改め、一部送り仮名を現代のものにし、一部難読漢字はひらがなに、難読国名はカタカナにしている。
※アステリスク（＊）の付いたものは、「国立国会図書館デジタルコレクション」により、インターネットで無料公開されている書籍からの引用である。

目次

序章　四百年以上前に南米やインドなどに渡った
名もなき日本人たちのこと　9

第1章　鉄砲の量産に成功したわが国が
なぜ刀剣に舞い戻ったのか　19
鉄砲伝来後、わが国は鉄砲にどう向き合ったか　21
世界最大の鉄砲保有国であったわが国がなぜ鉄砲を捨てたのか　27

第2章　キリスト教伝来後、
わが国に何が起こったのか　37
フランシスコ・ザビエルの来日　39
フランシスコ・ザビエルの布教活動　43

最初のキリシタン大名・大村純忠の「排仏毀釈」　50
イエズス会に政教の実権が握られた長崎　58
武器弾薬の輸入のためにキリスト教を厚遇した大友宗麟　62
宣教師たちは一般庶民の信者にも寺社や仏像の破壊を教唆した　71
武士たちにキリスト教が広まったことの影響　76
異教国の領土と富を奪い取り、異教徒を終身奴隷にする権利　82
ポルトガル人による日本人奴隷売買はいかなるものであったか　87
スペインの世界侵略とインディオの悲劇　93
スペイン・ポルトガルの世界侵略とローマ教皇教書が果たした役割　100
宣教師たちがシナの征服を優先すべきと考えた理由　108

第3章　キリスト教勢力と戦った秀吉とその死　115

秀吉のキリスト教布教許可と九州平定　117

秀吉によるイエズス会日本準管区長・コエリョへの質問　120
秀吉はなぜ伴天連追放令を出したのか　126
伴天連追放令後のイエズス会宣教師の戦略　131
スペインに降伏勧告状を突き付けた秀吉　134
秀吉はなぜ朝鮮に出兵したのか　140
サン・フェリペ号事件と日本二十六聖人殉教事件　145
イエズス会とフランシスコ会の対立　153
秀吉の死後スペイン出身の宣教師が策定した日本征服計画　158
宣教師やキリシタン大名にとっての関ヶ原の戦い　165

第4章　徳川家康・秀忠・家光はキリスト教とどう向き合ったか　175

日本人奴隷の流出は徳川時代に入っても続いていた　177

家康がキリスト教を警戒し始めた経緯　181
家康の時代のキリスト教弾圧　188
大坂の陣で、多くのキリシタン武将が豊臣方に集まったのはなぜか　190
対外政策を一変させた秀忠　196
東南アジアでスペインに対抗しようとしたイギリス・オランダの戦略　200
幕府がキリスト教の取締り強化を図っても、キリスト教信者は増え続けた　206
家光がフィリピンのマニラ征伐を検討した背景　208
幕府はなぜキリスト教を禁止せざるを得なかったのか　213

第5章　島原の乱　219

島原の乱は経済闘争か、あるいは宗教戦争か　221
棄教した住民たちが、なぜ短期間にキリシタンに立ち帰ったのか　229
島原の乱の一揆勢は原城に籠城して、どこの支援を待ち続けたのか　234

島原の乱の一揆勢は、大量の鉄砲と弾薬をどうやって調達したのか　241
島原の乱を幕府はどうやって終息させたのか　247
島原の乱の後も、わが国との貿易再開を諦めなかったポルトガル　255
島原の乱の前後で、幕府がオランダに対しても強気で交渉できたのはなぜか　260

第6章　「鎖国」とは何であったのか？　271

ポルトガルと断交した後になぜ海外貿易高は増加したのか　273
シーボルトが記した「鎖国」の実態　281

あとがき　295

序章

四百年以上前に南米やインドなどに渡った名もなき日本人たちのこと

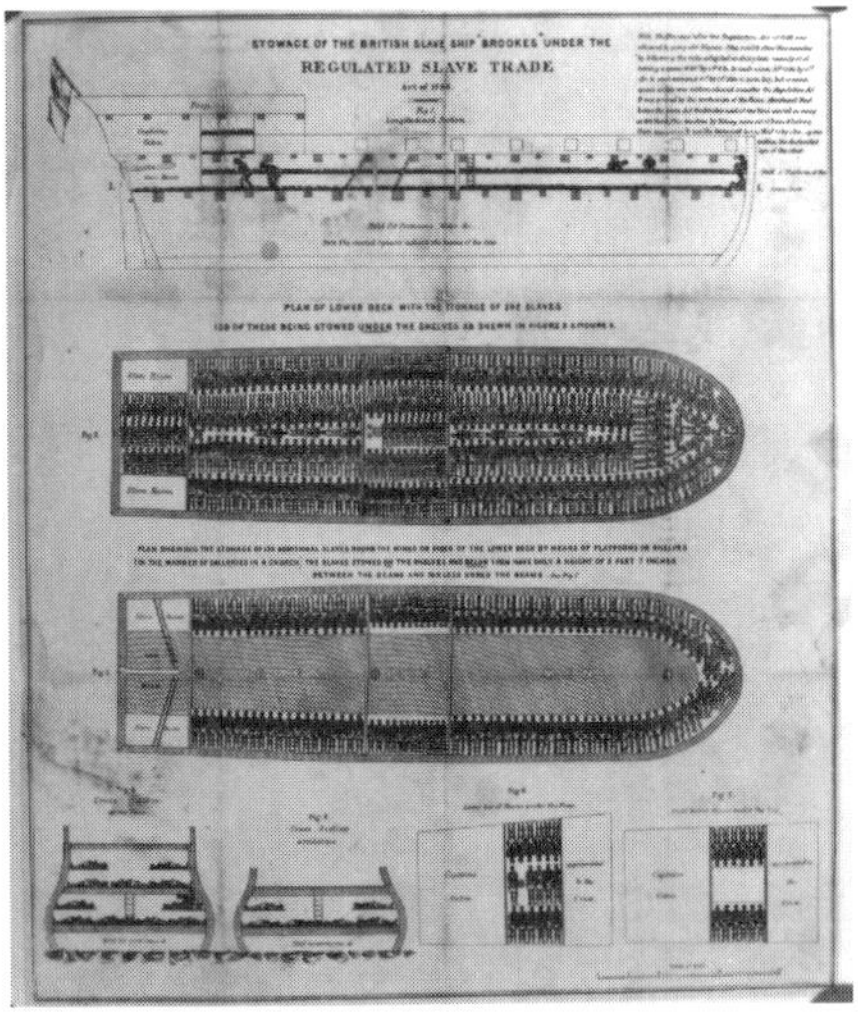

イギリスで建造した奴隷輸送船「ブルックス号」の図面
Photo:WPS

ブラジルサンパウロ州サンパウロ市で発行されている、日系人や駐在員向けの日本語の新聞で「ニッケイ新聞」という新聞がある。この新聞の『日本人奴隷の謎を追って』という連載記事をネットで見つけたときに、太平洋を渡った日本人奴隷の存在を知り衝撃を受けた。

この連載記事には、フランシスコ・ザビエルが日本でキリスト教の布教をしていた時期から一六〇〇年頃までの約五十年間に、大量の日本人が奴隷として売られ、海外に運ばれていったことが記されているが、二〇〇九年四月九日付の記事には、アルゼンチンの古都コルドバ市の歴史古文書館に、日本人奴隷を売買した公正証書が残されていることが書かれている。

『アルゼンチン日本人移民史　第一巻戦前編』（在亜日系団体連合会、二〇〇二年）という本に、アルゼンチンで最初の日本人奴隷に関する記載があり、同記事にその内容がまとめられている。

一五九六年七月六日、日本人青年が奴隷として、奴隷商人ディエゴ・ロッペス・デ・リスボアからミゲル・ヘローニモ・デ・ポーラスという神父に八百ペソで売られたことになっている。

その日本人青年の属性として「日本州出身の日本人種、フランシスコ・ハポン（21歳）、戦利品（捕虜）で担保なし、人頭税なしの奴隷を八百ペソで売る」（同移民史十八頁）とある。残念ながら、日本名は記されていない。

この青年の奴隷売買証書が同古文書館から発見されたのは今から五十年ほど前のことだが、一九八二年にこの青年に関する裁判書類がコルドバ国立大学の図書館で発見されたという。その記録によると、この青年は一五九七年三月に「私は奴隷として売買される謂《い》われはない。従って自由を要求するものである」と起訴し、翌年十一月に裁判で勝訴して自由の身分になったという。古文書館で発見された奴隷売買証書については、その後『一五八八年から一六一〇年代迄のコルドバに於ける奴隷売買の状態』（カルロス・アサドゥリアン著）という書物にまとめられ、コルドバ大学から出版されているそうだ。

ブラジルについては奴隷に関する一切の公文書が一八九〇年に焼却されたので検証でき

ないが、ペルーにも一六一四年に行われたリマ市人口調査に二十人の日本人がいたことが確認できるという。

日本人奴隷について、戦後わが国で新聞や雑誌などで語られることはほとんどないが、戦前には西洋の世界侵略の実態については様々な研究があり、多くの書籍があったようである。

しかし昭和二十一年から二十三年にかけて、GHQによって市中に出回っていたその種の書籍がほとんど焚書扱いとされて本屋の書棚から消え、今ではわが国で西洋の侵略や奴隷制を語ること自体がタブーのようになってしまった。

とはいえ、日本人奴隷に関して、活字になった研究書がないわけではない。

戦火に追われた多くの難民、貧民がポルトガル人に奴隷として買われ、海外に運ばれていった。数について、日本側の記録がないのでわからぬが、ポルトガルにはいろいろな記録が断片的に残されている。以下は外交官でラテン・アメリカ協会理事長も勤めた故井沢実氏の「大航海夜話」に記載されていること。

「インドのノーバ・ゴア発行の『東洋ポルトガル古記録』の中に日本人奴隷関係で、

まだ訳されていない重要文書が含まれている。ゴアにはポルトガル人の数より日本人奴隷の方がより多いなどということはショッキングである」

日本人奴隷は男よりも女が好まれた。行き先はゴアを中心とする東南アジアだが、ポルトガル本国にも相当数入っている。日本に駐在しているポルトガル人宣教師は、ポルトガル商人の日本人奴隷の買いつけをひどく嫌い、本国に取締方を要請する。このため、一五七一年には〝童貞王〟ドン・セバスチャンによる禁止令も出されるが、一向に効き目はなかった。なにしろ儲かるのだ。

（中隅哲郎『ブラジル学入門』無明舎　ｐ１６４）

日本人の多くはこの文を読んで絶句してしまうだろう。このような歴史がほとんど知らされていないのはなぜなのだろうか。

一五八二年（天正十年）の遣欧少年使節でローマ教皇のもとに派遣された、中浦ジュリアン、原マルチノ、伊東マンショ、千々石ミゲルの四人の少年が、世界各地で多数の日本人が奴隷の身分に置かれているのを見て愕然としている。一五八五年にイタリアで出版された『天正遣欧使節記』には、日本人奴隷についての四人の対話が、以下のように記録されている。

ミゲル　（中略）日本人には慾心と金銭への執着がはなはだしく、そのためたがいに身を売るようなことをして、日本の名にきわめて醜い汚れをかぶせているのを、ポルトガル人やヨーロッパ人はみな、不思議に思っているのである。そのうえ、われわれとしてもこのたびの旅行の先々で、売られて奴隷の境涯に落ちた日本人を親しく見たときには、道義をいっさい忘れて、血と言語とを同じうする同国人をさながら家畜か駄獣かのように、こんな安い値で手放すわが民族への義憤の激しい怒りに燃え立たざるを得なかった。

マンショ　ミゲルよ、わが民族についてその慨きをなさるのはしごく当然だ。かの人たちはほかのことでは文明と人道とをなかなか重んずるのだが、どうもこのことにかけては人道なり、高尚な教養なりを一向に顧みないようだ。そしてほとんど世界中におのれの慾心の深さを宣伝しているようなものだ。

マルチノ　まったくだ。実際わが民族中のあれほど多数の男女やら、童男・童女が、世界中の、あれほどさまざまな地域へあんな安い値で攫《さら》って行かれて売り捌かれ、みじめな賤役に身を屈しているのを見て、憐憫の情を催さない者があろうか。

（デ・サンデ著、泉井久之助他訳『天正遣欧使節記』雄松堂書店　p232〜233）

その当時奴隷として売られたのは黒人をはじめ中国人、韓国人、日本人、インド人、ジャワ人など様々であったのだが、日本人で奴隷にされたのはどの程度の人数であったのだろうか。

鬼塚英昭著『天皇のロザリオ』（成甲書房）では五十万人と推定されているというが、当時の日本の推定人口が一二〇〇万人程度だから、鬼塚氏の数字は、随分大きな数字である。たしかに、一五七一年にポルトガル国王が日本人奴隷の買い付けを禁止していることからすると、かなり早い時期から大規模に奴隷貿易が行われていた可能性が高く、禁止令が出ているにもかかわらずその後もポルトガル人は日本人奴隷を求め続けた事実がある。

イエズス会のルイス・フロイスによる一五八八年の記録では、薩摩軍が捕虜にした豊後の領民の一部は肥後で売却されたのち島原半島に連れていかれ、外国に売られていった人々の数は「おびただしかった」とある。一五八九年の記録では豊後領民は、戦争で死亡したり、疾病や飢餓に陥った以外の人々は敵の捕虜とされ、薩摩や肥後に連行されたのちに売られていったとあり、この時期だけでも豊後で万単位の人々が奴隷として売却されたと考えられるのだが、その点については第2章に記すこととしたい。

こういう暗い話は知る必要がないと考える人もいると思うが、このような史実を知らずして、なぜわが国でキリスト教が禁止され、なぜキリスト教信者が弾圧されたかを正しく理解できるとは思えないのだ。

第1章

鉄砲の量産に成功したわが国がなぜ刀剣に舞い戻ったのか

「長篠合戦図屏風（連子川対陣場面）」
徳川美術館所蔵　©徳川美術館イメージアーカイブ /DNPartcom

鉄砲伝来後、わが国は鉄砲にどう向き合ったか

中学・高校で日本史を学んだ時、腑に落ちなかったことがいくつかあった。例えば、なぜ日本は西洋諸国の植民地にならずにすんだのかということ。また、なぜ日本はその後に鉄砲を捨てて刀剣の世界に戻ったのかということなどである。

十六世紀に渡来したポルトガルやスペインに日本侵略の意思があった記録は多数残されているが、なぜ日本はその時代に西洋諸国の侵略を免れることができたのか。国土が海に囲まれているということは理由にはならない。なぜなら、同じ時代に島国のフィリピンがスペインに征服されているからだ。

フランシスコ・ザビエルがわが国にキリスト教を布教しようとして鹿児島に上陸したのは天文十八年（一五四九年）のことだが、鉄砲が伝来した六年も後であったことはわが国にとっては幸いであった。この鉄砲を入手した後に、わが国はこの武器とどう向き合った

かについては重要な点なので、少し詳しく記しておこう。

鹿児島県の黎明館という施設で常設展示されている薩摩藩の南浦文之《なんぽぶんし》和尚の『南浦文集』の中に、慶長十一年（一六〇六年）に書いた『鐵炮記《てっぽうき》』という記録があり、そこに鉄砲の伝来の経緯から、その後国内に広まる経緯が書かれている。

その記録によると、天文十二年（一五四三年）八月二十五日、種子島の西村の浦に大きな異国船が漂着し、その中に漢字を理解できる五峯《ごほう》という人物がいて、村の地頭だった織部丞が五峯と筆談をして乗船者が商人であることを確認したという。織部丞が領主の種子島時尭《ときたか》に報告をしたところ、時尭は異国の商人たちが携えていた鉄砲という火器に興味を覚え、二挺を購入したとある。

その後時尭は家臣に命じて、異国の商人から火薬調合の方法を学ばせ、また銃筒を模造させようとしたのだが、銃尾がネジのついた鉄栓で塞がれていて、その作り方がわからなかった。そこで時尭は、翌年種子島に来航した異国人からその製法を八板金兵衛に学ばせ、ようやく鉄砲の模造品が完成して、伝来からわずか一年後に数十挺の鉄砲を製造することができたという。

また、種子島を訪れた紀州根来寺の杉坊《すぎのぼう》や堺の商人橘屋又三郎が鉄砲と製造法を習得して持ち帰り、近畿を中心に鉄砲の製造が始まったのである。

最初に種子島に漂着した船にいた「五峯」とは、肥前の五島を根拠地に倭寇の頭目として活躍した海賊の王直《おうちょく》の号であり、王直はその後、鉄砲に不可欠な火薬の燃料である硝石を中国やタイから日本にもたらして、交易で巨利を得たという。

鉄砲の製造と使用はわが国で急速に広まり、元亀元年（一五七〇年）に織田信長と戦った石山本願寺の軍は八千挺の銃を用いたといい、天正三年（一五七五年）の長篠の戦いでは、織田・徳川連合軍は一千挺ずつ三隊に分かれて、一斉射撃を行って武田の騎馬隊を打ち破ったと伝えられている。

米国のダートマス大学教授N・ペリンの『鉄砲を捨てた日本人』（中公文庫）にはこう書かれている。


アラビア人、インド人、中国人いずれも鉄砲の使用では日本人よりずっと先んじたのであるが、ひとり日本人だけが鉄砲の大量生産に成功した。それればかりか、みごと自家薬籠中の武器としたのである。（p35）

今日もそうだが、日本は当時もすぐれた工業国であった。（中略）しかし、日本で、もっとも大量に製造されていた物が何かというと、それは武器であって、二百年間ぐらい日本は世界有数の武器輸出国であった。日本製の武器は東アジア一帯で使われていた。（p38～39）

少なくとも鉄砲の絶対数では、十六世紀末の日本は、まちがいなく世界のどの国よりも大量にもっていた。（p63～64）

たとえばイギリス軍全体をとってみても、その鉄砲所有数は、日本のトップの大名六名のうちどの大名の軍隊のそれと比べても少なかった。（中略）たとえば一五六九年、イギリス枢密院がフランス侵攻の際に動員できるイギリス全体の兵隊と武器の数を決定するべく総点検を行ったときのことだ。（中略）フランス大使はスパイを通じてその情報をつかみ、「機密にされている兵隊の集計値」は二万四千、そのうち約六千の者が銃を所持している、とパリに報告した。（p160～161）

一五八四年、（中略）戦国大名竜造寺隆信が島原方面で有馬晴信・島津家久と対戦したが、率いていた軍勢は二万五千、そのうち約九千が鉄砲隊であった。（ｐ１６２）

すなわちイギリス国全体の軍隊の銃の数よりも肥前国の竜造寺氏の銃の数のほうが五割も多かったのだ。しかも日本は独自の工夫により銃の性能を高め、「螺旋状の主動バネと引金調整装置を発達させ」「雨中でも火縄銃を撃てる雨よけ付属装置を考案し」、当時のヨーロッパにおける戦闘と比較して、「武器においては日本人の方が実質的に先行していたのではなかろうか」とまで書いてある。

鉄砲だけではない。刀も鎧も日本の物のほうが優れており、十五、六世紀の日本刀で近代ヨーロッパ製の剣や銃身を簡単に真っ二つに切り裂くことができることが実験で確認されているという。日本刀の刃の部分は名工が何度も鋳固め、打固めを続けることによって硬く鋭くなっており、刃以外の部分はもっと柔らかい鋼鉄からできていて折れにくい。ヨーロッパの鍛冶工はこのようにしなやかで鋭い刀剣を作ることができなかったのである。

Ｎ・ペリンの著書をさらに読み進むと、当時に日本に派遣された外国人が、日本のほうが先進国であると書いている記録が紹介されている。

十六世紀後期に日本に滞在していた別の宣教師オルガンティノ・グネッチは、宗教を措《お》けば日本の文化水準は全体として故国イタリアの文化より高い、と思ったほどである。当時のイタリアは、もちろん、ルネッサンスの絶頂期にあった。前フィリピン総督のスペイン人ドン・ロドリゴ・ビベロが一六一〇年、上総に漂着した際にも、ビベロの日本についての印象は、グネッチの場合と同様の結論であった。（同書 p45）

この本の巻末には、注だけで二十四ページ、参考文献のリストは十一ページも存在し、N・ペリンだけが特異な意見を述べているのでないことがわかる。世界にはこの時期の日本のことが書かれた書物が色々とあるようなのだが、参考文献のほとんどが邦訳されていないのが残念だ。

この本を読んでいくと、この時代において鉄砲でも刀でも文化でも日本に勝てなかった西洋諸国にとって、日本を征服することは厳しかったことが見えてくる。

しかしこの本のような記述は、私が学生時代以降に学んできた歴史の印象と随分異なる。

戦後日本の歴史教育は、日本の伝統技術や文化水準に正当な評価を与えているのであろうか。この本のように当時の日本のことを丁寧に調べた書物ですら、わが国であまり注目されていないのは随分おかしなことだと思う。

世界最大の鉄砲保有国であったわが国がなぜ鉄砲を捨てたのか

話を鉄砲の話に戻そう。わが国は鉄砲伝来後短期間でその大量生産に成功し、十六世紀の末には世界最大の鉄砲所有国となっていたばかりではなく、鉄砲の性能も日本製のほうが優れていたのだが、その後わが国は、鉄砲を捨てて刀剣の世界に舞い戻っているのである。これはなぜなのか。

前項で紹介したN・ペリンの著書では、こう書かれている。

目標を定めた一千発の一斉射撃は、周章狼狽していようが泰然自若としていようが、敵とあれば見境いなく、相手を声も届かぬ離れた地点から撃ち殺した。鉄砲に立ちむかう場合、勇敢さはかえって不利になり、攻守ところを変えて自分が鉄砲隊になると、もはや相手の顔かたちは見分けがつかなくなったであろう。その場合、鉄砲隊何千の一員として、攻撃をしかけてくる敵を掃討するべく土塁の背後で待ちかまえておればよいわけだ。それには大した技術もいらない。技量が問われるのは、今や兵士ではなく、鉄砲鍛冶と指揮官たる者に変わったのである。（中略）ともあれ、鉄砲をもつ農民が最強の武士をいともたやすく撃ち殺せることを認めるのは、誰にとっても大きな衝撃であった。（同書 p63）

長篠の合戦の後まもなく、鉄砲に対する二つの態度が現れはじめる。戦国大名は大量の鉄砲を購入しつつも、自らは鉄砲を使って戦おうとはしなかった。「武士の戦闘は刀、足軽のそれは鉄砲という分離は、もちろん、うまくいくはずのものではない。刀か鉄砲か、この二つは対立しつづけた」（同書 p64）とある。

最初に鉄砲を統制しようとしたのは関白太政大臣の豊臣秀吉であるとN・ペリンは指摘している。

教科書では天正十六年（一五八八年）に「刀狩令」が出たとある。この命令は刀や槍などを農民から没収しただけではなく鉄砲も没収対象に入っている。

原文を読み下すと「一、諸国百姓、刀、脇差、弓、やり、てつはう（鉄砲）、其の外武具のたぐい所持候事、堅く御停止に候。其の子細は、いらざる道具をあいたくわえ、年貢所当を難渋せしめ、自然一揆を企て、給人にたいし非儀の動きをなすやから、勿論御成敗有るべし。然れば、其の所の田畠不作せしめ、知行ついえになり候間、其の国主、給人、代官として、右武具悉く取りあつめ、進上致すべき事」とある。

秀吉は方広寺の大仏建立のための釘・鎹《かすがい》にすることを口実に、農民からこれらの武器を集め、農民の一揆を防止するとともに兵農分離を進めたのだが、そもそも方広寺の大仏は木造であったので、それほどの鉄が必要なはずがなかったのだ。

一方、ヨーロッパにおいては秀吉の刀狩令のようなものは発令されなかった。しかしながら、武器の進化によって殺される人数や速さが増大するにつれ、鉄砲などの火器を統制すべきとの意見が根強くあったようだ。

それは例えば、マーティン・ルターの「大砲と火器は残忍で忌わしい機械です。それは悪魔がじかに手を下した仕業だと信じます」という記述や、シェークスピア『ヘンリー4世』の「あわれ、立派な勇士たちが、ごろごろ、卑怯な飛び道具で生命を落とさねばならぬ、なんという遺憾、（中略）こんな下等な鉄砲なんてものさえなけりゃ、拙者だとても立派な武人《さむらい》になっていましたろうに」などという記述からもうかがい知ることができる。

にもかかわらず、ヨーロッパではそれから後に急速に火器を発達させていくのだが、日本では逆に火器の統制に入っていく。

慶長十二年（一六〇七年）に徳川家康は国友の鉄砲鍛冶年寄四名を侍身分にとりたてて、鉄砲鍛冶の管理に関わる法度を申し渡している。

一、諸国より大小の鉄砲多く誂《あつらえ》候はば、早速相届申すべきこと
　ならびに惣鍛冶新筒受け取り候はば、年寄へ相届申すべきこと
一、鉄砲職分の者猥《みだり》に他国え出で候こと堅く無用たること
一、鉄砲細工猥二余人へ相伝へ申すまじきこと
一、鉄砲薬調合のこと、ならびに力様《ちからためし》薬込、年寄の外、
　他見他言致すまじきこと
（同書　p107〜108）

これらの規則が遵守されるように鉄砲代官が任命され、この年から鉄砲は徳川幕府の許

可のもとにのみ製造可能となったのである。

鉄砲代官は幕府の注文以外はほとんど許可しなかったので、国友の鉄砲鍛冶の生活はまもなく困窮し始め、かなりの者が刀鍛冶となったという。

では、なぜ日本だけが鉄砲を捨てて旧式の刀剣の世界に戻ったのか。その理由について、N・ペリンは少なくとも五つあると書いている。

要約すると、

一　日本では武士が総人口の七〜十％を占めており、ヨーロッパのどの国の騎士団よりも規模が大きかった（イギリスで〇・六％程度。ヨーロッパではどの国をとっても、優に一％を超えるような国はなかった）。

二　日本の武力および自然的条件から外国からの侵略が難しく、日本の国家的統合の維持は通常兵器で充分であった。

三　日本の武士にとって刀剣は戦いの武器にとどまらず、「武士の魂」であった。

四　外国人の思想、わけてもキリスト教と商業に対する西洋人の態度が受け容れがたいとする潮流が存在した。

五　刀剣が飛び道具よりも品位の高い武器と考えられていた。

ということだが、あまりピンとこないところがある。

この本の訳者は経済学者で現静岡県知事の川勝平太氏だが、氏は「鉄砲が動かした世界秩序」(『地球日本史1』所収)という論文で、N・ペリンが挙げた理由では隔靴掻痒の感が否めないとして、朱子学の影響を指摘している。

その論文によると、秀吉の起こした文禄・慶長の役で連行された捕虜の中に朱子学者の姜沆《きょうこう》という人物がいて、相国寺の禅僧藤原惺窩《せいか》は彼と深く交わり朱子学者に転向したという。惺窩の作とされる『本作録』の序に「天下国家を治むる御心持の次第」の七条が書かれており、それが徳川幕府に大きな影響を与えたようだ。

要するに藤原惺窩は、戦国の世が終わり、これからの時代は文治主義でなければならないと説き、徳川幕府は朱子学を公認して統治哲学とした。惺窩の門下の林羅山は徳川家康・秀忠・家光・家綱の将軍四代に仕え、寛永九年(一六三二年)に江戸上野忍ヶ岡に儒学の私塾を営み、多くの門人を輩出して後世の昌平坂学問所の基礎となり、各藩もそれを真似て藩校を設立した。

朱子学の統治哲学とは、統治の正当性の源泉は力ではなく、徳である。徳を積めば身が修まり、家が斉《ととの》い、国が治まり、天下は泰平になるというものである。

前掲の論文にこう書かれている。

十七世紀前半、ヨーロッパにグロチウスが戦争を世界観の柱にして国際法を構想したとき、日本では惺窩、羅山が朱子学をもとに徳治を説き、それを統治の根幹に据えたのである。「文明（華）」を柱にした日本の世界観と、「戦争」を柱にしたヨーロッパの世界観とはユーラシア大陸の両端でほぼ同時に生まれ、前者は徳治にもとづく軍縮の道、後者は覇権にもとづく軍拡の道を歩んだ。（ｐ２１５）

国際法を遵守しないような国は野蛮だ、というのは今日の常識である。だが、日本は「戦争と平和」の世界観に基づく国際法――明治人は「万国公法」とよんだ――を受容するまでは野蛮であったのか。否、それどころかまさに「華（文明）」意識のまったただ中にいた。

徳川社会は天下泰平を楽しみ、戦争とは無縁の時代であった。戦争を柱とする世界観を持っていなかった。世界を弱肉強食の修羅場とみる見方を明治日本人はヨーロッパから受容することによって、日本人はその世界観に合った現実を自らつくった。日清戦争、日露戦争、韓国併合、第一次世界大戦の戦勝、日中戦争の泥沼も、惨憺たる敗戦もその帰結である。

たとえ、それが他に選択の余地のないコースであったにせよ、鉄砲が生み出した西洋起源の世界秩序が、その成立の由来と、軍拡・戦争の歴史に照らすとき、文明の名に値するものかどうかは疑いうる。

（p217～218）

日本は鉄砲を捨てて、平和で豊かな国づくりを目指した。

十七世紀半ば、江戸の人口が五十万人になろうとする時には神田上水に続いて玉川上水が完成したが、ニューヨークで最初の水路が完成したのは日本に二世紀も遅れ、一八四二年のことであった。

日本が刀剣の世界に舞い戻っている間に西洋では軍事技術が進み、日本は軍事の分野で大きく西洋諸国に立ち遅れてしまった。そのためにペリー来航以降大きく日本の歴史が動くのだが、日本がすべてにおいて西洋諸国に劣っていたのであれば、この時期に植民地化されていてもおかしくなかった。

幕末から明治期にかけて多くの外国人が日本に訪れ様々な記録を残しているが、当時の日本を高く評価している記録が少なくない。

Ｎ・ペリンは、エドワード・モース、ヘンリー・ヒュースケン、タウンゼント・ハリス、ラザフォード・オールコック等の著書を引用しながら、明治期の日本は治安だけでなく保健・衛生面においても優れており、人々は道徳的で品位があり、豊かな生活をしていたことを紹介している。

Ｎ・ペリンは著書を通して、核兵器による人類破滅の危機を憂慮し、以前は世界的に優れた軍事技術に到達しながら当時の最先端の兵器を放棄した日本の経験に学んで、核兵器を放棄できないのか、そしてそのお金を国民が豊かになるために投資すべきではないかと問うているのだ。

そして問うている相手はどこかというと、Ｎ・ペリンの母国のアメリカをはじめとする軍事大国だろう。

秀吉の時代に鉄砲を捨てることができたのは、当時のわが国が世界有数の軍事大国であり、あわせて最高権力者の軍縮命令があったからではなかったか。もし、最高権力者からのそのような命令がなかったら、どこの藩も自主的に単独で軍縮などできるはずがなかったのである。

第2章

キリスト教伝来後、わが国に何が起こったのか

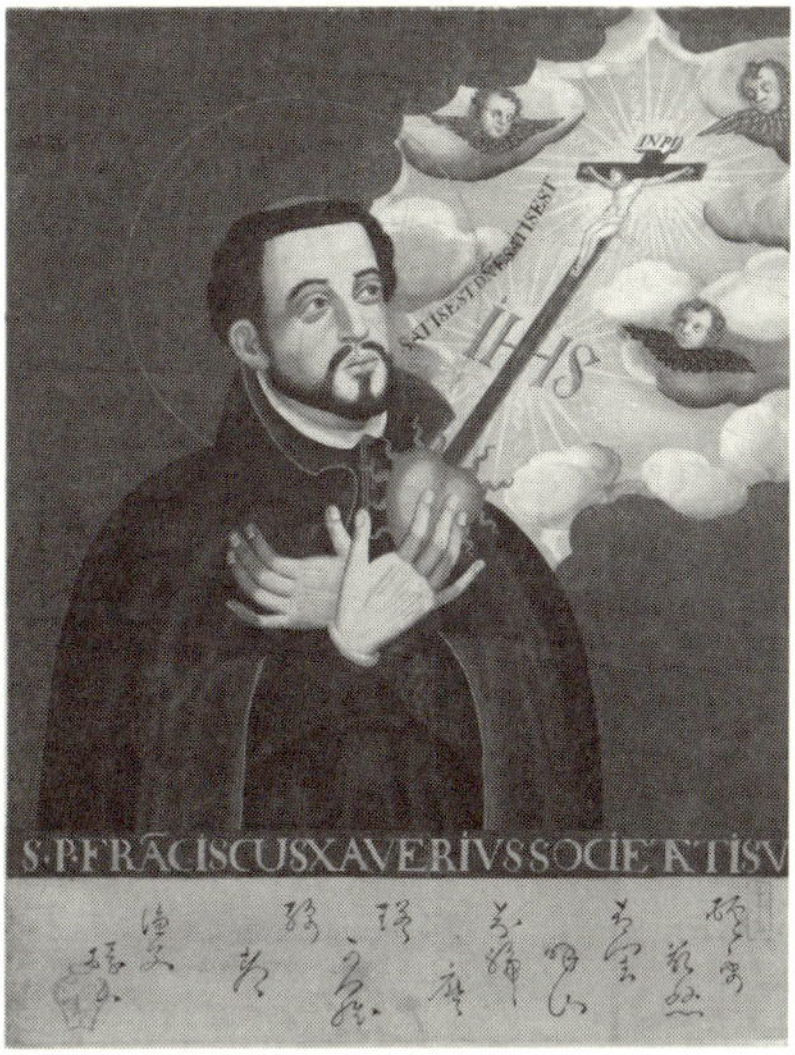

「聖フランシスコ・ザヴィエル像」
神戸市立博物館所蔵 Photo:Kobe City Museum / DNPartcom

フランシスコ・ザビエルの来日

フランシスコ・ザビエルは天文十八年（一五四九年）八月十五日に鹿児島に上陸して、日本に初めてキリスト教を伝えたイエズス会の宣教師である。

多くの教科書に掲載されているザビエルの肖像画は、大正八年（一九一九年）に大阪府茨木市の山奥にある千提寺の民家から発見されたものだが、描かれた時期は江戸時代初期と考えられている。

この地域にキリスト教が広がったのは、キリシタン大名として有名な高山右近が高槻城主であった時代のことなのだが、右近が生まれたのは天文二十一年（一五五二年）頃とされ、ザビエルが日本を去ったあとのことであり、この山奥にまでザビエルが布教に来たというわけではない。

ところで、ザビエルが日本に滞在した期間はわずか二年三ヵ月で、この短い期間で、日本語を学びながら仏教国の日本にキリスト教布教の実績を残したことはすごいことだと思う。

ザビエルが日本に滞在した時に記した書簡が今も残されていて邦訳もされている。これを読むと、当時の日本での布教の様子や、当時の日本人をザビエルがどう観察していたかがわかって興味深い。

ザビエルは一五四九年十一月五日付のゴアのイエズス会の会友宛の書簡において、鹿児島に上陸して二ヵ月半の段階で、日本人をこう観察している。

今日まで自ら見聞し得たことと、他の者の仲介によって識ることのできた日本のことを、貴兄等に報告したい。先ず第一に、私達が今までの接触に依って識ることのできた限りに於ては、此の国民は、私が遭遇した国民の中では、一番傑出している。私には、どの不信者国民も、日本人より優れている者はないと考えられる。日本人は、総体的に、良い素質を有し、悪意がなく、交わって頗る感じがよい。彼らの名誉心は、特に強烈で、彼等に取っては、名誉が凡てである。日本人は大抵貧乏である。しかし、武士たると平民たるとを問わず、貧乏を恥辱だと思っている者は、一人もいない。

（ペトロ・アルーペ・井上郁二訳『聖フランシスコ・デ・サビエル書翰抄（下）』岩波文庫　p26）

この本によると、ザビエルは日本人の優秀さを絶賛している。キリスト教を布教するためには、日本人の仏教への信仰をとり崩していかなければならないのだが、ザビエルは当時の仏教の僧侶について、次のように記している。

私は、一般の住民は、彼等が坊さんと呼ぶ僧侶よりは、悪習に染むこと少なく、理性に従うのを識った。坊さんは、自然が憎む罪を犯すことを好み、又それを自ら認め、否定しない。此のような坊さんの罪は、周知のことであり、また広く行われる習慣になっている故、男女、老若の区別なく、皆これを別に異ともせず、今更嫌悪する者もない。自らが坊さんでない者は、私達が、この憎むべき悪習を、断固として罪だと主張する時、私達の言葉を喜んで聞く。かかる悪習が如何に非道であるか、又それが、如何に神の掟に反するものであるかを、強調する時、人々は皆私達に賛成する。

（同書　p28）

この時期の僧侶には戒律を破り堕落している者が少なからずいて、そのことを一般民衆に話すと一般民衆は喜んで聞いたと書いている。

またザビエルは、この日本でキリスト教を布教する意気込みと、この布教が成功する可能性が高いことを次のように述べている。

他の坊さんも民衆も、皆、喜んで私達と親しくなる。人々が非常に驚くのは私達が此の国民に神のことを告げ、救霊はイエズス・キリストを信ずるにあることを教えんがためにのみ、遥々六千レグア（著者註：1レグアは約6キロ）の波濤を蹴立てて、ポルトガルから来朝したという事実である。私達の来朝は、神の命令に依ることだと私達は説明している。

私がこれらのことを凡てお知らせするのは、諸兄から我等の主なる神に感謝して頂きたいためであり、更に島国日本は、私達の聖なる信仰の弘布に、非常に優れた条件を具備していることを、報告したいからである。若し私達が日本語に堪能であるならば、多数の者が、キリストへの聖教に帰信するようになることは、絶対に疑いを入れない。

（同書　p30）

日本語さえ習得すればキリスト教を日本に広めることができると書き、その上で、「貴兄等は、準備をしていて頂きたい。二年も経過しないうちに、貴兄等の一団を、日本に招くことは、有り得ることだからである。謙遜の徳を身につけるように、励んで頂きたい。」（同書　p31）と、二年以内にキリスト教を広めていく自信があることを伝えている。

しかしながら、ザビエルの思うようにわが国でキリスト教を広めることはできなかったのである。続いて、ザビエルの日本での布教活動を時系列で追っていくことにする。

フランシスコ・ザビエルの布教活動

ザビエルは、ゴアで洗礼を受けたばかりのヤジロウら三人の日本人とともにジャンク船に乗ってゴアを出発し、鹿児島に上陸した。そして翌月には薩摩の守護大名・島津貴久に謁見し、キリスト教宣教の許可を得ている。

前項で紹介した書簡では、ザビエルが日本の布教が成功することを確信していたような文章であったが、それは、わずか一ヵ月で薩摩の布教許可が得られたことで自信を深めたものだと考えられる。しかし、その後、島津貴久はキリスト教を禁止してしまう。

ザビエルは薩摩がキリスト教を禁止した経緯をこう書いている。この書簡の中のパウロという人物はヤジロウのことである。

私達は前にも言った通り、先ずパウロの故郷に着いた。この国は鹿児島という。パウロが同胞の人々に熱心に語り聞かせたお陰で、殆ど百名にも及ぶ日本人が洗礼を受けた。若し坊さんが邪魔をしなかったら、他の凡ての住民も、信者となったに違いないのである。私達は一年以上もこの地方にいた。（中略）坊さんはこの領主に迫り、若し領民が神の教に服することを許されるならば、領主は神社仏閣や、それに所属せる土地や山林を、みな失うようになるだろうと言った。何故かと言えば、神の教は、彼等の教とは正反対であるし、領民が信者になると古来から祖師に捧げられていた尊敬が、消失するからだという。こうして遂に坊さんは、領主の説得に成功し、その領内に於て、キリストの教に帰依する者は、死罪に処すという規定を作らせた。また領主は、その通りに、誰も信者になってはならぬと命令した。
（同書　ｐ１００～１０１）

日本人は特に賢明であり、理性的な国民である。それで、彼等が全部信者にならないのは、領主に対する怖れの結果であって、神の教が真理であることの解らないためでもなく、また自分の宗旨の間違っていることに気のつかないためでもない。
（同書　ｐ１０１～１０２）

かくしてザビエル一行は一年間活動した鹿児島を去り、一五五〇年八月に肥前平戸に入って宣教活動を行った。そこではわずか二ヵ月で住民の数百名が信者になったので、ここの信者の世話をトーレス神父に託して、別の地域を目指すこととなる。

周防山口では大名・大内義隆にも謁見したが、その時はさしたる成果がなかった。次に都である京都に進んで、インド総督とゴアの司教の親書をもって、全国での宣教の許可を得るために後奈良天皇に謁見しようと試みたが、それは叶わなかった。

当時の京都は応仁の乱以降続いた戦乱の結果、多くが破壊されており、布教する環境にないと判断して、一行は再び山口に入る。山口でザビエルは、天皇に捧呈しようと用意していた親書のほか、珍しい西洋の文物の献上品を用意して、再び大内義隆に謁見している。大内義隆は大層喜び、お礼のしるしとして金銀をザビエル一行に差し出したが、これをザビエルは受け取らずにキリスト教の布教の許可を願い出たという。

私達は、その最も渇望している唯一つのことを願い出た。即ち、私達がこの領内に於て、神の教を公けに宣布することと、領主の民の中に、信者になることを望む者があった場合には、自由に信者になれることを、私達に許可して頂きたいというのである。これに就いては、領主は、凡ゆる好意を以て、私達に許可を与えた。それから、町の諸処に、領主の名の記された布令を掲出させた。それには、領内に於て神の教の説かれることは、領主の喜びとするところであり、信者になることは、各人の自由たるべきことと書かれていた。同時に領主は、一つの寺院を私達の住居として与えた。

（同書　ｐ１０５）

大内義隆がザビエル一行に与えた寺は、当時すでに廃寺となっていた大道寺という寺だそうだが、ザビエルはこの寺で毎日二度の説教を行い、約二ヵ月の宣教で洗礼を受けて信徒となった者は約五百人にものぼったという。

山口の布教が順調に進んでいる中で、豊後府内（大分市）にポルトガル船が来着したとの話があり、豊後の大名である大友義鎮《よししげ》（後の大友宗麟《そうりん》）からザビエルに会いたいとの書状が届いた。豊後に於いてもキリスト教は宗麟の保護を受けて広まっていった。

『聖フランシスコ・デ・サビエル書翰抄（下）』の訳者による解説（同書　p90～91）では、ザビエルの日本滞在の間での受洗者は一千名には及ばなかったとある（鹿児島百―百五十名、市来十五―二十名、平戸百八十名、山口に向かう途中で三名、山口五百―六百名、豊後三十―五十名）。

ザビエルはインドのトラヴァンコル地方に於いては一ヵ月に一万人の信者を作った実績がある。日本での成果はザビエルが当初思い描いていた数字には大きく届かなかったはずだ。

ザビエルは日本全土の布教のためには、日本の文化に大きな影響を与えてきた中国での宣教が不可欠だと考えた。ザビエルはこう書いている。

シナへ往くつもりだ。何故なら、これが日本とシナとに於て、我が主の大いなる奉仕になるだろうと思うからである。というのは、シナ人が神の掟を受入れたと識るなら、日本人は自分の宗旨に対す信仰を、間もなく、失ってしまうだろうと考えられるからである。私は、我がイエズス会の努力によって、シナ人も、日本人も、偶像を捨て去り、神であり全人類の救主なるイエズス・キリストを拝するようになるという、大きな希望を持っている。

（同書　p137）

ザビエルは、一五五一年十一月十五日にポルトガル船で日本を離れ、一旦ゴアに帰り自分の代わりに日本で宣教するメンバーの人選をして、自らは中国に向かおうとした。しかし、マラッカで中国への渡航を妨害され、ようやく三州島に着くも、そこで中国入国の手助けをすると約束していた船は現れなかった。

ザビエルはそこで熱病に罹り、中国本土で布教の夢が果たせぬまま、一五五二年十二月三日に、イエズスの聖名を呼び奉りつつ息絶えたという。

なぜザビエルのような優秀な宣教師をもってしても、日本の布教が遅々として進まなかったのか。当時の日本人はザビエルの話を理解しつつも、どうしても納得できないところがあったのではないか。私は、ザビエル書簡の以下の部分に注目したい。

日本の信者には、一つの悲歎がある。それは私達が教えること、即ち地獄へ堕ちた人は、最早全然救われないことを、非常に悲しむのである。亡くなった両親をはじめ、妻子や祖先への愛の故に、彼らの悲しんでいる様子は、非常に哀れである。死んだ人のために、大勢の者が泣く。そして私に、或は施与、或は祈りを以て、死んだ人を助ける方法はないだろうかとたずねる。私は助ける方法はないと答えるばかりである。

この悲歎は、頗る大きい。（中略）しかし、何故神は地獄の人を救うことができないか、とか、何故いつまでも地獄にいなければならないのか、というような質問が出るので、私はそれに彼等の満足の行くまで答える。彼等は、自分の祖先が救われないことを知ると、泣くことを已めない。私がこんなに愛している友人達が、手の施しのようのないことに就いて泣いているのを見て、私も悲しくなって来る。

（同書　ｐ１１９～１２０）

自分の祖先がキリスト教を信じていなかったという理由で、みんな地獄へ落ちると言われては、自分の祖先を大切に思う日本人の大半が、入信できなかったことは私には当然のとのように思える。

　もしザビエルが健康な状態で無事に中国に辿り着き、中国でキリスト教の布教に尽力して、ある程度の成功を収めることができたとしよう。その場合にザビエルが再び日本に戻ってキリスト教の布教に成功できただろうか。

最初のキリシタン大名・大村純忠の「排仏毀釈」

　わが国の戦国大名で、最も早くキリスト教の信者となったのは肥前大村の領主・大村純忠である。洗礼を受けたのは永禄六年（一五六三年）というから、ザビエルが来日してから十四年も経過してからのことである。

　では、大村純忠がどのような経緯でキリスト教に入信したのだろうか。

　大村純忠は肥前有馬氏の当主・有馬晴純の次男で、天文七年（一五三八年）に大村純前《すみあき》の養子に迎えられた。天文十九年（一五五〇年）に大村家の家督を継いだのだが、大村純前には実子・又八郎もいたのである。

又八郎は、武雄に本拠を置いていた後藤家に養子に出されて後藤貴明と名乗ることとなったのだが、自分を追い出して大村家の家督を継いだ純忠に対して終生敵意を持ち続け、また大村家の家臣の中には後藤貴明に心を寄せる者が少なからずいたという。

普通に考えれば、周囲に敵が多い中で神仏を棄ててキリスト教を信仰することは、領民の支持を余計に失うことになりかねない。

日本キリスト教史研究の先駆者・山本秀煌《ひでてる》が大正十五年に著した本が「国立国会図書館デジタルコレクション」にネットで無料公開されており、そこにはこう記されている。

しかるに、かかる困難な境遇にありながら、かりにも新宗教を奉ぜんか、領内の民心を失うは勿論、この機会を利用して如何なる謀計をなす者があるかもわからない。少なくとも、平常純忠に帰服しておらなかった輩に、有力なる反抗の口実を与えることは勿論である。故にかかる困難なる事情の下にある者は、たといキリスト教を信ずるの信仰があったとしても、之を心中に秘して世に公にしないのが賢明な態度である。大友宗麟をはじめ、その他の大名が信仰を告白するのを久しく躊躇しておったのはこれがためである。しかるに純忠は、単に宣教使の意を迎えんために、心にもなき信仰を殊更に標榜して洗礼を受けるが如きことを敢えてなしたとするならば、そは好んで身を難境の中に投ずる者であって、愚の極みと言わなければならない。故に純忠が洗礼を受けたのは、心中深くキリスト教に帰依し、その信念牢乎として抜くべからざるものがあったのは知るべきである。（＊山本秀煌『西教史談』新生堂、大正15年　p59）

山本は大村純忠が純粋にキリスト教を信奉したことを強調しているのだが、当時の記録を読むと、別の意図が見え隠れする。

純忠は永禄五年（一五六二年）に自領にある横瀬浦（現在の長崎県西海市）をイエズス会に提供しているのだが、この時に結んだ約定は次のような内容であった。

一　キリスト教の寺院を創設し、宣教師を十分に給養し、ポルトガル人のために横瀬浦の一港及びその周囲二里四方の地を開き、諸税を免じ、またキリシタン僧侶の許諾なき異教者は一人も港内に住するを得ざらむべし。

一　ポルトガル人等港内に在住するものへは何人に論なく、諸税を免除し、自今十ヶ年間ポルトガル人と貿易を営む諸人へも課役一切を免除すべし。

（＊山本秀煌『日本基督教史 上巻』新生堂、大正14年 p131）

大村純忠がこのような破格の条件を提示した経緯を調べると、その前年である永禄四年（一五六一年）に、平戸においてポルトガル商人と日本人との間で暴動事件が起こり（宮ノ前事件）、領主の松浦隆信は日本人への処罰を行わなかったことから、日本教区長のコスメ・デ・トーレスは、平戸での貿易を拒絶することに決めている。その直後に大村純忠がイエズス会に接近しているのである。

大村純忠の提案を受け、当時隣国の平戸港に集まっていたポルトガル商人たちは、翌永禄五年（一五六二年）に横瀬浦を新貿易港として対日貿易を再開した。商人たちが平戸から次々と移住したことにより横瀬浦は繁栄し、肥前大村は財政的に大いに潤ったという。

そしてその翌年の永禄六年（一五六三年）に純忠は洗礼を受けることを決心し、重臣二十五名とともにコスメ・デ・トーレス神父のもとを訪れている。

イエズス会士として戦国時代の日本で宣教し、織田信長や豊臣秀吉らと会見したルイス・フロイスの『日本史』に大村純忠が洗礼を受けた経緯が記述されている。この書物は邦訳され、『完訳フロイス日本史』という題で全十二冊が出版されている。この第六分冊を読めば、純忠はキリスト教徒となるのと引き換えに、領地にあるすべての神社仏閣を焼くことを神父から求められていたことがわかる。純忠が、自分の思いを神父にこう伝えてくれと使いの者に述べ、その使いがトーレス神父に報告する場面を引用してみよう。

大村殿は、尊師が彼に一つのことをお認めになれば、キリシタンになる御決心であられます。それはこういうことなのです。殿は自領ならびにそこの領民の主君ではあられますが、目上に有馬の屋形であられる兄、義貞様をいただいておられ、義貞様は異教徒であり、当下《シモ》（著者註：九州のこと）においてもっとも身分の高い殿のお一人であられます。それゆえ大村殿は、ただちに領内のすべての神社仏閣を焼却するわけにも仏僧たちの僧院を破却するわけにも参りません。ですが殿は尊師にこういうお約束をなされ、言質を与えておられます。すなわち自分は今後は決して彼ら仏僧らの面倒を見はしないと。そして殿が彼らを援助しなければ、彼らは自滅するでありましょう。

（松田毅一・川崎桃太訳『完訳フロイス日本史⑥』中公文庫　ｐ279）

大村純忠の兄・有馬義貞は天正四年（一五七六年）に洗礼を受けてキリスト教徒となっ

ているが、純忠が受洗を決意した十三年も後のことである。そのため純忠は、トーレス神父に対し、自分には仏教を信奉する兄がいるので、神社仏閣のすべてを焼き払うことはできないが、代わりに、今後一切寺社を援助しないことを約し、援助を止めることで、寺も神社もいずれ廃れていくことになると説明した。

この言葉を受けて神父は純忠に「時至れば、ご自分のなし得ることとすべてを行なうとのお約束とご意向を承った上は、もうすでに信仰のことがよくお判りならば洗礼をお授け申しましょう」（同書　ｐ２７９）と答えたという。

この文脈では、神父が述べた「なし得ることとすべてを行なうとのお約束とご意向」とは、神社仏閣のできる限りを破壊するか、一切支援せずに荒廃させることと解釈するしかないだろう。

大村純忠が洗礼を受けた日に、実兄の有馬義貞が竜造寺隆信と開戦したとの報が入ったという。その直後の純忠の行動も記録がある。

翌日出陣の際兵士を率い、軍神摩利支天の社殿に参詣した。兵士は思った。これはいつもの慣例と同じく戦勝をここに祈禱するのであろうと。しかるに何ぞはからん、それは軍神を尊敬するにはあらで侮蔑するためであった。即ち純忠は命じて摩利支天の神像を拝殿より引き出さしめ、剣をもってその首を斬り、惨々に打ちたたいてその面部をめちゃめちゃに破毀してしまった。曰く、

「嗚呼、汝軍神よ、汝我を欺くこと幾許なりしぞや、汝は実に偽神なり。我れ汝の偽りに報いること此の如し」と。

よって直ちに火を放ってこの社殿を焼き、その跡に美麗なる十字架を建て、跪いてこれに向かい、恭しく三拝したので、軍兵皆その例にならい、謹んで十字架を拝した。

（＊『西教史談』p65～66）

そして純忠はこの戦いに勝ち、この勝利はキリスト教を信奉したことのお蔭であると確信し、それ以降もますます排仏施策を推進していくことになる。

ルイス・フロイスはこう記している。

（著者註：大村純忠は）主なるデウス（著者註：神）への御奉仕において、自ら約束した以上のことを行ない示そうとして、戦場にいて、兄を助けて戦っていた間に、数名を

自領に派遣して、幾多の神仏像を破壊したり焼却させたりした。そして殿は家臣の貴人たち数名と語る時にはいつも、汝ら、キリシタン信仰のことで疑わしいことがあれば、予に訊ねるがよい。予がそれらを解き、汝らを満足させるだろう、と言っていた。

（『完訳フロイス日本史⑥』ｐ２８１〜２８２）

大村純忠は、このように戦の最中に何名かを派遣して仏像等を焼却させるようなことを繰り返しただけでなく、領内の仏教の禁止を宣言し、天正二年（一五七四年）正月には仏教僧らを引見し、

「予は諸君らが速やかに仏教より転じてキリスト教に帰依せられんことを願う。もしキリスト教に転ずることを肯んじられないならば、一定の時期を画して、我が領内より退去せらるることを願う」と述べて棄教を迫ったという。

山本秀煌は大村純忠による仏像等の破壊行為を「排仏毀釈」と表現して、こうまとめている。

かくて仏寺は変じて切支丹寺となり、伝道隊は組織せられて、町々村々に布教せら

れ、新たに四十個の切支丹寺院は建設せられ、五万人（或いは三万五千人ともいう）の新たなる信者は加えられた。かくの如くにして大村領内には一人の仏教僧徒もなきに至った。まことに偉大なる功蹟と称すべきである。

（＊『西教史談』p73〜74）

日本基督教会の牧師であった山本にとっては「偉大なる功蹟」なのであろうが、キリスト教を信奉しない普通の人々にとっては「徹底的な文化破壊」以外の何物でもない。

イエズス会に政教の実権が握られた長崎

長崎の神社仏閣の破壊に関して、大正十二〜十四年に編纂された『長崎市史』の記述を紹介したい。

その「地誌編仏寺部上巻」の第一章は「総説」となっていて、長崎市の仏教史を七期に分けて概括している。第一期がいきなり「仏寺廃滅時代」となっていて、それ以前の仏教史がないのは驚きである。この本も国立国会図書館デジタルコレクションで読むことができる。

第一期 仏寺廃滅時代

この時期においてはキリスト教が長崎およびその付近に伝道せられ、住民はこれに帰依すべく強いられ、神社仏閣はことごとく破却せられ、長崎はいわゆる伴天連の知行所となり、政教の実権がことごとく耶蘇会（イエズス会）の手に帰したる時代で、年代で言えば開港の当初から天正十五年までである。

（＊長崎市編『長崎市史 地誌編仏寺部 上』長崎市、大正12年　p1）

長崎およびその付近においては神仏両道は厳禁せられ、住民は皆キリスト教、すなわち当時の切支丹宗門に転宗を強いられ、これに従わざるものは皆領外に退去を命ぜられ、神社仏閣のごときは布教上の障害として皆焼き払われた。かくして前に述べし如く神宮寺、神通寺、杵崎神社などは皆破却せられて烏有に帰し、神宮寺の支院たりし薬師堂、毘沙門堂、観音堂、萬福寺、鎮通寺、齊通寺、宗源寺、浄福寺、十善寺などもまた皆これと相前後して同一の運命に陥ったと伝えられる。かくして長崎およびその付近の仏寺は天正中（著者註：天正年間中の意。一五七三年～一五九三年）に全滅し、これに代りてキリスト教の寺院会堂、学校、病院などが漸次設立せらるることになり、キリスト教の布教は日にまし旺盛に赴き、正に旭日冲天の勢を示した。（中略）長崎は耶蘇会の知行所となりて政教の実権はその手に帰し、南蛮人らは横暴を極め、奴隷売買の如きも盛んに行われたけれども、日本に実力ある主権者なかりしためこれを如何ともすることは出来なかった。

（＊同書　p7～8）

『長崎市史』によると、こんなに激しい文化破壊が行われたきっかけとなったのは、南蛮貿易の利益のためであったということである。

当時耶蘇会宣教師とポルトガル商人との間には非常に密接な連絡があって、たがいに相援けてその勢力利権の拡張に努めつつあったので、キリスト教と無関係でポルトガル貿易のみを営まんことは当時にありては絶対的に不可能なことがらであった。現に薩摩の島津氏や平戸の松浦氏はこの不可能事を行わんとして、ついに貿易の利を失ったのである。されば大村純忠の横瀬浦を開くや、その付近二里四方の地を無税地としてポルトガル人に交付し、宣教師の許可なくして異教徒のその地域内に入るを禁じ、盛んに伴天連を保護尊崇した。（＊同書　p６〜７）

少し補足すると、天正五年（一五七七年）、大村純忠が竜造寺隆信と戦うために、宣教師から軍資金として銀百貫文を借り受け、その時に所領の一部をその担保としたことがきっかけだったようだ。かくして長崎は天正八年（一五八〇年）以来イエズス会に寄進されてしまったのだが、この地域には仏教徒である一般の日本人もいたわけで、彼らは、宣教師の許可がなくては立ち入ることを禁じられてしまったという。

同様に有馬晴信も竜造寺隆信と戦う際に大砲を提供されたことから、勝利の恩賞としてイエズス会に長崎の浦上村を寄進したそうだ。こんなことがいつまでも放置されては、わが国においてイエズス会の領有する地域がどんどん広がっていくことになる。

キリシタン大名たちは海外貿易の利権を得ただけではなく武器や戦費の援助を得て、宣教師たちの指示に重きを置くようになっていったのだが、この問題のおそろしさは、キリシタン大名が保有する軍事力をわが国の為政者に協力するために使うのではなく、わが国を侵略しようとする外国勢力のために用いることを選択したと考えればよくわかる。外国の勢力がキリシタン大名を支援して味方に取り込んでいけば、わが国の国土の一部を占領することは難しいことではなかったはずなのである。

武器弾薬の輸入のためにキリスト教を厚遇した大友宗麟

大友義鎮《よししげ》は、豊後国大友氏第二十一代当主。永禄五年（一五六二年）に出家し「宗麟」と号した。

大友義鎮が豊後の国主となったのは天文十九年（一五五〇年）のことだが、その翌年にザビエルを府内の城中に引見してキリスト教の教義を聴き、領内での布教を許可したことから、領内でキリスト教の信仰が広がっていくことになる。

これより府内はキリスト教の根拠地となり、宣教使等は此処を中心として各地に伝道することとなった。

こうして各地に伝道した結果、新宗教に帰依する者続々起こり、数年ならずして幾千人の信者を得るに至り、府内・臼杵にキリシタン寺院が建てられ、宣教使の住宅は構えられ、学校・病院・孤児院など、キリスト教の社会的事業もまた大いに勃興するの機運に到達したのである。

しかるに、府内に起こった信者は多くは下級民であった。上流社会の人々は少なかった。それ故に新宗教の勢力も甚だ微弱であったように思われる。（中略）けれども天正五年頃より大友家一族の中にキリスト教に帰依する者が続々起こり、宗麟また受洗するに至り、有力なる家臣の新宗教に加わるもの続出し、信者数万人を数えるに至り、豊後地方は広くキリスト教の行わるる所となったのである。（＊『西教史談』p75〜76）

しかしながら、義鎮は領内でのキリスト教布教を許可した後も長らく禅宗に帰依し、永禄五年（一五六二年）に門司城の戦いで毛利元就に敗れた後に出家して「宗麟」と号している。出家して仏門に入ったことで、この時点では宗麟がキリスト教を強く信仰していた可能性はきわめて低かったと断じざるを得ない。

ところが、天正六年（一五七八年）に島津軍と戦った耳川の戦いの直前に宗麟は宣教師フランシスコ・カブラルから洗礼を受け、四十八歳の時に正式にキリスト教徒となっている。つまり、ザビエルを引見してから洗礼を受けるまでに二十七年間も年月を要していることになる。

なぜ、洗礼を受けるためにこれだけ長い年月がかかったのだろうか。

『西教史談』ではいくつか理由が挙げられているが、その一つは宗麟の治める豊後国の国情である。

宗麟は弘治二年（一五五六年）に来日したインドの支部長ヌゲー師より洗礼を受けることを勧められたそうだが、心の中ではキリスト教を広めたいとの志があるとしつつも、「現下国家多難の秋《とき》でありまして、その素志を達することができません。（中略）騒乱のあと遂に教法を改めることあらば、彼等この機に乗じ、祖先の教法を廃する者を亡ぼさんと称し、隣境の諸侯と結んで予を攻めんこと必定であります。然るに、私はこれに抗するの威力がありません」（＊同書　p77〜78）と言って、断ったという。

そもそも大友宗麟の父・義鑑《よしあき》は、三男である塩市丸に家督を譲ろうと画策し、義鎮の廃嫡を企み義鎮派の粛清を計画していた。ところが、それを察知した義鎮派重臣が、天文十九年（一五五〇年）に謀反を起こして塩市丸とその母を殺害し義鑑も負傷したという政変が起こって、義鎮が家督を継いだという経緯がある。

周辺諸国とのあいだにも領土を奪い合う争いがあったが、大友家内部においても多くの対立があり、その上に、さらに宗教上の対立を持ち込むことは難しかった事情は理解できる。

宗麟が長い間洗礼を受けなかった理由は、彼の操行や家庭の事情などの指摘もあるのだが、最大の理由は、キリスト教への信仰を持たなかったからであると、明確に書かれている。ではなぜ、宗麟は信奉すらしていないキリスト教を若い頃から厚遇し、布教を許したのであろうか。

思うに、彼がキリシタンを厚遇したのは、キリシタンと密接の関係ある外国貿易を盛んならしめんがためであったに違いない。当時外国より日本に渡って貿易に従事していた者はポルトガル人のみであって、その貿易はキリシタンと離るべからざる関係を有していた故に、外国貿易を奨励せんには、どうしてもキリシタン宣教使を好遇しなくてはならなかったのである。

（中略）天下に覇たらんとするに当たって、まず必要なるものは軍用金の調達であった。併せて武器の精鋭なることであった。而してこれを得るには外国貿易を奨励するほかはなかった。是れ彼がポルトガル商人を招待し、家臣を海外へ派遣し、以て武器を購入した所以である。彼が大友の主君となってから数年にして、九州のうち六ヶ国を掌握するに至ったのは、将士の忠誠にあずかって力があったのは無論であるが、またその資金の豊富なることと武器の精鋭なるとにあったことは、今改めてここに特筆するを要しない。当時国崩しと称した大砲の如きは、恐らく大友氏の専有であって、他にその類がなかったであろう。後年宗麟の居城丹生島《にぶじま》城が薩軍の猛撃を受けて落城しなかったのは、ただに要害が堅固であったばかりでなく、またその国崩しの偉方が与って力のあったのは疑うことが出来ない。（＊同書　p87～89）

宗麟は貿易によって得た利益を用いて室町幕府十三代将軍・足利義輝に接近し、永禄二年（一五五九年）には豊前国、筑前国の守護に任じられ、さらに九州探題に補任され、翌年には左衛門督に任官し、大友氏の全盛期を築いたとされている。

しかしながら、毛利元就が北九州に触手を伸ばすようになり、毛利氏との戦いが始まった。

宗麟は宣教師に鉄砲に用いる火薬の原料である硝石の輸入を要請し、その理由として

「自分はキリスト教を保護する者であり毛利氏はキリスト教を弾圧する者である。これを打ち破るために大友氏には良質の硝石を、毛利氏には硝石を輸入させないように」との手紙を出したという。

その後、永禄十二年（一五六九年）、毛利元就を安芸国に撤退させるも、翌年に肥前で竜造寺隆信に大敗し、さらには天正五年（一五七七年）に薩摩国の島津義久が日向国に侵攻を開始した。宗麟が洗礼を受けたのはこの年である。

薩摩との戦いに勝利するためには、大量の武器弾薬が不可欠である。そのために宗麟は、宣教師の要求に応えざるを得なくなる。『西教史談』の解説を引用する。

宗麟が神社・仏閣を破棄し、山伏・僧侶を追放した中で、最も有名なるものは、萬壽寺の焼打ちと彦山の攻撃との二つである。前者は元亀元年（著者註：一五七〇年）であって、後者は天正五年（著者註：一五七七年）の出来事である。二つとも彼がキリスト教に改宗しない前であったことは注目すべきことである。

大友記にいっている。

「宗麟公はキリシタンに帰依せられ、神仏は我宗の魔なり。然れば国中の大社・大寺、一宇も残らず破却せよとて、一番に住吉大明神の社を、山森紹應に仰せ、焼払わせて打ち崩す。次に萬壽山破壊の承りは、橋本正竹にして、彼の寺へ行向い、山門より火をかける。時しも辻風烈しく吹きかけて、回廊・本堂に燃えければ、仏僧《ママ》・経論・聖経、忽ちに寂滅の煙と立ち昇る。（中略）

尚も宗麟より吉弘内蔵助に国中の神仏薪にせよと仰せつければ、山々在々に走り回りて、神仏尊容を薪にす。」云々。

また有名なる彦山退治の記事がある。曰く

「彦山退治とて、清田鎮忠に三千の兵を相添え遣わさる。山中三千の山伏、身命を棄てて防ぐといえども、鎮忠上宮まで責めのぼり、一宇も残らず灰煙になす。掛りたる処に山伏二名高声に叫ばわり、大友宗麟七代までの怨霊とならんと、罵詈して、腹かき切り、猛火の中へ飛び入りける。」云々　（＊同書　p90～91）

少し補足すると、萬壽寺という寺は、平安時代に今の大分市元町付近に建てられた寺で、その後衰退したが徳治元年（一三〇六年）大友家第五代当主大友貞親が再興したという。『群書類従第拾四輯』に『大友記』の原文があるが、そこには萬壽寺の焼打ちについて

「方八町の寺内に三百余箇所の大伽藍。甍を並べ建てたるを、只一片の煙となす」と記されている。

八百メートル四方の境内に三百以上の大伽藍があったというから随分大きな寺であったようだが、この寺はその後天正十年（一五八二年）にも大友宗麟の嫡男である大友義統《よしむね》に焼かれて、寺社領が没収され家臣の恩賞とされたという。

「彦山」は今では「英彦山」と記されるが、中世以降は山伏の修験道場の行場となり、戦国時代の盛時には、山中の衆徒三千の坊舎があり、大名に匹敵する兵力を保持していたのだそうだ。

その彦山の衆徒が、キリシタンを支援する大友氏と敵対するようになったことは当然の成り行きだと思うのだが、秋月氏と彦山が通じたことに宗麟が怒り、天正四年（一五七六年）四月に清田鎮忠《しげただ》、上野鎮俊を大将として四千三百人の兵を彦山に出陣させたものの、この時は山の腰を囲んだだけで山上には攻め上がらなかったようだ。

しかしながら、宗麟が洗礼を受けた後の天正九年（一五八一年）には徹底的に彦山を破壊している。解説を再び引用してみよう。

天正九年になって、終に山上に攻め上がり、権現の社頭を始め、僧坊民屋に至るまで、一字も残さず焼き払い、仏像・祭器・経巻等に至るまで、悉くこれを焚滅してしまったのは、かなり痛切な悲惨事であった。（中略）一山の衆徒の遁走せしものが、大友家の敵たる島津・秋月の軍に投じて種々の謠言を放ち、「豊府の宗室大臣等は皆異教を奉じ、寺観・祠廟を毀ち、神主仏像を火中に投じた」と言い放ち、邪宗徒征伐を宣伝されたということは、大友家にとって少なからざる打撃であった。

（＊同書　p101）

ところが、大友宗麟が洗礼を受けた以降の大友家は衰退の一途を辿っている。

天正六年（一五七八年）に耳川の戦いで島津軍に大敗し、多くの重臣を失った。

天正七年（一五七九年）頃からは、蒲池氏・草野氏・黒木氏などの筑後の諸勢力が大友氏の影響下から離れ、領内の各地で国人の反乱が相次いだ。さらに、島津義久や竜造寺隆信、秋月種実らの侵攻もあって、大友氏の領土は次々と侵略されていく。

天正十五年（一五八七年）に島津義久の攻撃で大友氏の滅亡寸前まで追い詰められるも、豊臣秀長率いる豊臣軍十万が九州に到着し、さらに秀吉も十万の兵を率いて九州平定に出陣し、各地で島津軍を破っていく中で宗麟は病に倒れ五十八歳でこの世を去っている。

宗麟の葬儀はキリスト教式で行われ、自邸に墓が設けられたそうだが、後に嫡男の義統が改めて府内の大知寺で仏式の葬儀を行い、墓地も仏式のものに改めたという。

九州平定後は秀吉の命令で義統には豊後一国を安堵されたのだが、この戦いのあと多くの領民が薩摩軍の捕虜となり、その一部は肥後で売却されたのちに海外に奴隷として売られていくことになるのである。その点については後述する。

宣教師たちは一般庶民の信者にも寺社や仏像の破壊を教唆した

宣教師たちが寺社の破壊を教唆した相手は、キリシタン大名ばかりではなかった。ルイス・フロイスの『日本史』には、一般庶民の信者に破壊を決意させる場面がいくつかでてくる。たとえば、こんな記述がある。

その地の住民たちは説教を聞きに来た。ところで日本人は生まれつき活発な理性を備えているので、第一回の説教において、天地万物の根元であり創造者、また世の救い主、かつ人間の業に報いを与える御方であるデウスと、彼らの偶像、偶像崇拝、欺瞞、誤謬などの間にどれほどの差異があるかについて述べられたところ、人々は第二の説教まで待ってはいなかった。そしてあたかも司祭が、「寺を焼け、偶像を壊せ」と彼らに言ったかのように、彼らは説教を聞き終えて外に出ると、まっしぐらに、その地の下手にあったある寺院に行った。そしてその寺は彼らによってさっそく破壊され、何一つ後に残されず、おのおのは寺院の建物から、自分が必要とした材木を自宅に運んだ。

仏僧たちはきわめて激昂し、ただちに司祭のもとに二人目の使者を遣り、「神や仏の像を壊すなんて、一体全体、これはどういうことか」と伝えた。司祭は仏僧たちにこう答えた。「私が彼らにそうするように言ったのではない。ところで、説教を聞いた人たちは皆、あなたの檀家なのだから、あなた方がその人たちにお訊ねになるべきです」と。

（『完訳フロイス日本史⑩』 p14）

これらの文章に何度も出てくる「偶像」とは仏像のことだが、この文章を読んで宣教師の教唆がなかったと思う人は誰もいないであろう。
ほかにも、宣教師が寺院を焼くことを信者に指示している場面がある。次にその部分を引用しよう。

たまたまあるキリシタンがガスパル・コエリュ師のところにやって来て、司祭にこう頼んだ。「今はちょうど四旬節でございます。私は自分がこれまで犯して来た罪の償いをいたしたいと存じますので、そのためには、どういう償いをすることができましょうか。どうか伴天連様おっしゃって下さい」と。司祭は彼に答えて言った。「あなたがデウス様の御意向にかなってすることができ、また、あなたの罪の償いとして考えられることの一つは、もしあなたが良い機会だと思えば、路上、通りすがりに、最初の人としてどこかの寺院を焼き始めることです」と。この言葉を、そのキリシタンは聞き捨てにしなかった。そして彼は、いとも簡単で快い償いが天から授かったものだと確信して、自分がそれによって、どんな危険に曝されるかも忘れ、さっそく帰宅の道すがら、ある大きく美しい寺院の傍を通り過ぎた時に、彼はそれに放火して、またたく間にそれを全焼してしまった。

（同書　p22～23）

領主の大村純忠は「そ知らぬふりをして、不快としてはいないことを明らかに示していただけで、破壊を領民に命じたとはどこにも書いていない。

このキリシタンの行動がきっかけとなり大村領の神社仏閣が破壊されて、大村領に六万人以上のキリスト教信者が生まれ、八十七の教会ができたという。

次に肥前国有馬晴信の所領を見てみよう。加津佐の海岸近くにある岩石の小島の洞窟中に建てられていた祠に、領内から追放された僧侶たちが大量の仏像を隠していたのをイエズス会の宣教師が発見する。それらの仏像を取り出していくと、大きい仏像だけが残ってしまった、という場面から引用する。

それらは分断しなければ、そのまま入口から外に出すことができなかった。だが我らは仕事を早めるためにそれらに火をつけた。礼拝所や祭壇も同様にした。それらはすべて木製で、燃やすのにはうってつけの材料であったから、暫時にしてことごとくが焼滅してしまった。

副管区長の司祭（著者註：コエリョ）は、口之津で教理を習っている少年たちを召集させた。これらの少年たちは皆行列をつくり、大きな叫び声をあげながら、それらの仏像を背にして運んだ。（中略）教理を教わっている少年たちは、仏像を曳きずって行き、唾をはきかけ、それにふさわしい仕打ちを加えた。

　折から寒い季節のことで、口之津の我らの司祭館では炊事用の薪が欠乏していた。そこでそれらの仏像はただちに割られて全部薪にされ、かなりの日数、炊事に役立った。

（同書　p２０９）


九州の寺社を破壊し仏像を焼却させたのは、明らかにキリスト教の宣教師であることがわかる。記録を残したフロイス自身も、寺社を破壊し仏像などを焼却することは正しいことだと思っているからこそ、これだけ詳細に書いているのだ。彼ら宣教師のために、この時代にどれだけの貴重なわが国の文化財が灰燼に帰したかわからない。

武士たちにキリスト教が広まったことの影響

キリスト教は九州だけでなく関西にも広まっていった。一般の武士にも急速に広まったのだが、フロイスの『日本史』に興味深い記録が残されている。

松永久秀は永禄八年（一五六五年）に将軍足利義輝を攻め滅ぼした際に、キリシタンの宣教師を京から追放した人物である。また後に、織田信長によって京に宣教師が戻された時に、「かの呪うべき教えが行き渡る所、国も町もただちに崩壊し滅亡するに至る事は、身共が明らかに味わった事である」と信長に進言した人物であり、ルイス・フロイスから「悪魔」とまで呼ばれた、キリスト教嫌いの人物でもあるのだ。

その松永久秀が畿内の主導権を巡って三好三人衆（三好長逸《ながやす》、三好宗渭《そうい》、岩成友通《ともみち》）と争っていたのだが、松永久秀が率いる軍隊においてもキリスト教の信者が多くいたというし、三好三人衆の軍隊にもキリスト教の信者がいたという。驚いたことに、永禄九年（一五六六年）のクリスマス（降誕祭）の日に両軍がミサのために休戦しているのである。両軍の指導的立場にある武士に、相当数のキリシタンがいなければこのようなことはあり得ないはずだ。この戦場のクリスマス休戦の場面をフロイスはこう記している。

降誕祭になった時、折から堺の市《まち》には互いに敵対する二つの軍勢がおり、その中には大勢のキリシタンの武士が身受《ママ》けられた。ところでキリシタンたちは、自分たちがどれほど仲が良く互いに愛し合っているかを異教徒たちによりよく示そうとして、司祭館は非常に小さかったので、そこの町内の人々に、住民が会合所にあてていた大広間を賃借りしたいと申し出た。その部屋は、降誕祭にふさわしく飾られ、聖夜には一同がそこに参集した。ここで彼らは告白し、ミサに与かり、説教を聞き、準備ができていた人々は聖体を拝領し、正午には一同は礼装して戻って来た。そのなかには七十名の武士がおり、互いに敵対する軍勢から来ていたにもかかわらず、あたかも同一の国主の家臣であるかのように互いに大いなる愛情と礼節をもって応接した。彼らは自分自分の家から多くの種々の料理を持参させて互いに招き合ったが、すべては整然としており、清潔であって、驚嘆に価した。その際給仕したのは、それらの武士の息子たちで、デウスのことについて良き会話を交えたり歌を歌ってその日の午後を通じて過した。祭壇の配置やそのすべての装飾を見ようとしてやって来たこの市の異教徒の群衆はおびただしく、彼らは中に侵入するため扉を壊さんばかりに思われた。

（『完訳フロイス日本史②』 p55）

両軍の内訳については書かれていないものの、両軍で七十名ものキリシタンの武士がいて、戦争では敵として戦いながら、信仰ではしっかり繫がっていたということは驚きである。このことはどう考えればいいのだろうか。

争っている者同士の敵にも味方にもキリスト教信者が多ければ、内戦を長引かせながら寺や神社に火を放つことは容易なことであろう。

永禄十年（一五六七年）の松永久秀と三好三人衆・筒井順慶連合軍との戦いは、「東大寺大仏殿の戦い」と呼ばれ、通史では松永久秀が、東大寺に布陣している相手軍に夜襲をかけて、その時に東大寺に火を放ったことになっている。松永久秀はそれ以前に三好三人衆との戦いで多聞城の間際まで攻め込まれ、相手方が陣地として利用しそうな（般若寺、文殊堂など）寺を相次いで焼いた記録があるのだが、東大寺大仏殿に関してはルイス・フロイスが、松永久秀の敵方である三好三人衆にいたキリシタンの誰かが火を点けたと明確に書いている。

今から二十年くらい以前のことになるが、ルイス・デ・アルメイダ修道士が下《シモ》（著者註：九州のこと）へ帰った数年後に、（松永）弾正殿は、同修道士が先に述べた、かの豪華な城で包囲された。その多聞山城を包囲した軍勢の大部分は、この大仏の寺院の内部とこの僧院（東大寺）のあらゆる場所に宿営した。その中には、我らイエズス会の同僚によく知られていた一人の勇敢な兵士もいたのであるが、彼は、世界万物の創造者に対してのみふさわしい礼拝と崇敬のことに熱心なあまり、誰かある人にたきつけられたからというのではなく、夜分、自分が警護していた間に、密かにそれに火を放った。そこで同所にあったすべてのものは、はるか遠く離れた第一の場所にあった一つの門、および既述の鐘楼以外はなにも残らず全焼してしまった。丹波および河内の国では、同夜、火の光と焔が大和国との間に横たわる山々の上に立ち上るのが見られた。

（『完訳フロイス日本史①』p279～280）

イエズス会の日本準管区長であったコエリョをはじめ、当時の宣教師の多くは、仏像や仏教施設の破壊にきわめて熱心であり、九州では信者を教唆して神社仏閣を破壊させたことをフロイス自身が書いている。

京都を中心に活動したイタリア人のイエズス会宣教師であるオルガンティーノも、巡察師ヴァリニャーノに送った書簡の中で、寺社破壊を「善き事業」とし「かの寺院の最後の藁に至るまで焼却することを切に望んでいる」と書いているという。とすれば、彼らは両軍にキリシタンの武士を増やして、寺社破壊を意図的に仕組んだということも考えられるのである。

すなわち、キリスト教の宣教師は日本でキリスト教をさらに広めるために、日本の支配階級である武士をまずキリスト教に改宗させて、戦国時代をできるだけ長引かせ、キリシタンである大名や武士たちに神社仏閣を徹底的に破壊させ、彼等の力により領民を改宗させていくことをたくらんでいたのではなかったか。

キリシタン大名として有名な高山右近についても、高槻城主であった時に多くの寺を破壊したことをフロイスが記している。文中「偶像」、「悪魔の像」とあるのは「仏像」のことである。

（高山）右近殿は彼ら（著者註：仏僧）のところにあれこれ使者を遣わして説教を聞くようにと願い、もしまったくその気持がなければ、予は貴僧らを領内に留め置くわけにはいかぬと伝えた。そこで遂に彼らは説教を聞くに至り、百名以上の仏僧がキリシタンとなり、領内にあった神と仏の寺社はことごとく焼却されてしまい、そのうち利用できるものは教会に変えられた。それらの中には摂津国で高名な忍頂寺と呼ばれる寺院があった。この寺は今では同地方でもっとも立派な教会の一つとなっている。そこでは大規模に偶像が破壊された。すなわちかの地には多数の寺院があり、仏僧らは山間部にこれら大量の悪魔の像を隠匿していたが、それらは間もなく破壊され火中に投ぜられてしまった。

（『完訳フロイス日本史④』 p17）

大阪の「北摂」と呼ばれる地域には千年以上の歴史のある寺社がいくつもあるのだが、現在残っている建物で戦国時代よりも古いものは皆無であり、忍頂寺のほかにも普門寺、本山寺、広智寺、神峯山寺、金龍寺、霊山寺、春日神社、八幡大神宮、濃味神社など、高山右近に焼かれたとの伝承のある寺社が多数存在する。

これらの寺の一部は戦火に巻き込まれて焼けたのかもしれないが、山奥にある寺院までもがことごとく焼けたのは不自然だ。多くはこの時期に宣教師の教唆があり、キリシタンの武士たちによって放火されたのではないだろうか。

また織田信長も多くの寺院を焼き討ちしたが、信長の配下にはこの高山右近などキリシタン大名が多かったことと関係があるのではないだろうか。

戦国時代にキリシタンの武士がさらに増えていれば、また戦国時代がもっと長引いていれば、日本の文化財の多くがこの時代に破壊されていたことは確実だと思う。

異教国の領土と富を奪い取り、異教徒を終身奴隷にする権利

歴史の教科書には、宣教師たちが渡来してきた目的がわが国の占領にあったなどとはどこにも書かれていない。しかしこの当時の記録を読めば、彼らの目的が単純にキリスト教を広めることだけではなかったことが、容易に理解できる。

カトリックの司祭であり、国際政治学者でもある西山俊彦氏の本に、一四五四年一月八日にローマ教皇ニコラス五世（在位：一四四七年～一四五五年）が出した『ロマーヌス・

ポンティフェックス』が訳出されているので紹介したい。

「神の僕の僕である司教ニコラスは、永久に記憶されることを期待して、以下の教書を送る。……

以上に記した凡ゆる要件を熟慮した上で、我等は、前回の書簡によって、アルフォンソ国王に、サラセン人と異教徒、並びに、キリストに敵対するいかなる者をも、襲い、攻撃し、敗北させ、屈服させた上で、彼等の王国、公領、公国、主権、支配、動産、不動産を問わず凡ゆる所有物を奪取し、その住民を終身奴隷に貶めるための、完全かつ制約なき権利を授与した。（中略）ここに列挙した凡ゆる事柄、及び、大陸、港湾、海洋、は、彼等自身の権利として、アルフォンソ国王とその後継者、そしてエンリケ王子に帰属する。それは、未来永劫まで令名高き国王等が、人々の救い、信仰の弘布、仇敵の撲滅、をもって神とみ国と教会に栄光を帰する聖なる大業を一層懸命に遂行するためである。彼等自身の適切な請願に対し、我等と使徒座の一層の支援が約束され、神の恩寵と加護がそれを一層鞏固なものとするであろう。

我が主御降誕の一四五四年一月八日、

ローマ聖ペトロ大聖堂にて、教皇登位第八年」
（西山俊彦『カトリック教会と奴隷貿易』サンパウロ　p76～77）

文中の「アルフォンソ」はポルトガル国王であったアルフォンソ五世（在位：一四三八年～一四八一年）だが、この教書の意味することは重大である。ポルトガル国王とその伯父のエンリケ航海王子に対して、異教の国のすべての領土と富を奪い取り、その住民を終身奴隷にする権利をローマ教皇が授与しているのである。
ローマ教皇は「キリストに敵対する者の奴隷化の許可」を記した一方で、「キリスト教徒の奴隷化の禁止」を明記した教書も出している。

「正義の戦争―正戦―」を行なうに当たっての「正義」の基準が「唯一絶対的真理であるキリスト教」に「味方するか、敵対するか」にあると理解すれば、論理は一貫しています。しかも、正戦遂行は義務ともなって、戦争によって生じた捕虜を奴隷とすることは、キリスト教以前から認められてきた「正当な権原」をキリスト教も踏襲しただけということになります。もちろん「正義」にしろ「正当な権原」にしろ、それら原理自体には、大いに問題ありと言わねばなりませんが、これが現実だったわけで、当時はイスラム教徒はキリスト教徒を、キリスト教徒はイスラム教徒を奴隷として、何ら不思議とは思われていませんでした。（同書　p78）

キリスト教とイスラム教はいずれも一神教で、お互いが相手の宗教を異教として許容することができない関係にある。それゆえ、自国の領土だけでなく奉じる宗教とその文化を守り広げていくために、お互いが相手国の領土や富を占領するだけでなく、その国の人民を奪い合う争いを続けてきた。

ところが、非イスラム教の国家であるわが国において、ポルトガル商人が敗残兵や民衆を奴隷として大量に買い込んでいたという記録がある。

日本男性の奴隷を傭兵として買うニーズが高かったというが、日本女性のニーズも高かった。

徳富猪一郎（蘇峰）『近世日本国民史 豊臣氏時代 乙篇』に、レオン・パゼーが著した『日本耶蘇教史』の付録に載せた文書が引用されている。

以下の文を読めば、多くの日本人が絶句するのではないか。

ポルトガルの商人はもちろん、その水夫、厨奴らの賎しき者までも、日本人を奴隷として買収し、携え去った。而してその奴隷の多くは、船中にて死した。そは彼らを無暗に積み重ね、極めて混濁なる裡《うち》に籠居《ろうきょ》せしめ。而してその持ち主らが一たび病に罹《かか》るや――持ち主の中には、ポルトガル人に使役せらるる黒奴（著者註：黒人奴隷）も少なくなかった――これらの奴隷には、一切頓着なく、口を糊する食糧さえも、与えざることがしばしばあったためである。この水夫らは、彼らが買収したる日本の少女と、放蕩の生活をなし、人前にてその醜悪の行いを逞しうして、あえて憚《はばか》るところなく、そのマカオ帰港の船中には、少女らを自個の船室に連れ込む者さえあった。予は今ここにポルトガル人らが、異教国におけるその小男、小女を増殖――私生児濫造――したる、放恣、狂蕩の行動と、これがために異教徒をして、呆然たらしめたることを説くを、見合わすべし。

（＊徳富蘇峰『近世日本国民史 豊臣氏時代 乙篇』民友社、大正9年 p384～385）

なんと日本人少女が、ポルトガル人に使われていた黒人奴隷に買われていたケースが少なくなかったというのだが、それほど安く日本人が売られていたのである。

日本人が奴隷として外国に売られた記録は、日本側にも残されている。

豊臣秀吉の祐筆であった大村由己《ゆうこ》が、秀吉の九州平定時に同行して記した『九州御動座記』という文書には、日本人奴隷は鎖に繋がれて、舟底に追い入れて家畜のように運ばれていたことが記されているのだが、この文書は第３章で紹介することとする。

ポルトガル人による日本人奴隷売買はいかなるものであったか

岡本良知『十六世紀日欧交通史の研究』という本によると、ポルトガル側の資料では一五五五年十一月のマカオ発のパードレ・カルネイロの手紙の中に、大きな利潤と女奴隷を目当てにして、ポルトガル商人の手で多くの日本人がマカオに輸入されていると書かれていると紹介されている。中国のマカオといえば、ポルトガルの日本貿易の拠点であり、日本貿易の初期の段階から日本人が奴隷として売られていたことになる。

また、日本イエズス会からの要請を受けてポルトガル国王セバスティアン一世は一五七一年に「日本人奴隷取引禁止令」を出しているが、宣教師にとって日本人奴隷取引が布教の妨げになると認識していたほどの規模で行われていたと理解するしかない。

では、ポルトガル人は大量の日本人をどうやって入手したのだろうか。誰かがポルトガル人に日本人を売却したことになるのだが、どういう経緯があったのであろうか。

この点については、ルイス・フロイスが、その当時の九州の実態について、「奴隷」という言葉こそ使っていないがその事情が理解できるような記録を残している。

例えば、豊後については薩摩軍との戦いが続いて惨憺たる状況であった上に、次のようなことが起こっていた。フロイスの記録をしばらく引用する。前半が一五八八年の記述であり、後半が一五八九年の記述である。

薩摩軍が豊後で捕虜にした人々の一部は、肥後の国に連行されて売却された。その年、肥後の住民はひどい飢饉と労苦に悩まされ、己が身を養うことすらおぼつかない状態にあったから、買い取った連中まで養えるわけがなく、彼らはまるで家畜のように高来（島原半島）に連れて行かれた。かくて三会や島原の地では、時に四十名もが一まとめにされて売られていた。肥後の住民はこれらのよそ者から免れようと、豊後の婦人や男女の子供たちを、二東三文で売却した。売られた人々の数はおびただしかった。

（『完訳フロイス日本史⑧』　ｐ２６８）

豊後の国の全領民は次のように三分された。その第一集団は、戦争のために死亡し、第二集団は、敵の捕虜となって薩摩や肥後に連行された後、羊の群のように市場を廻り歩かされたあげく売られていった。彼らの多くは、二束三文の安価で売却された。第三の集団は、疾病や飢餓のために極度の貧困に陥って人間の容貌を備えていないほどであった。彼らは互いに殺し掠奪し合っていた。

（同書　ｐ３１４）

フロイスは日本の戦国時代末期の三十年以上を九州や畿内で暮らした人物であり、誰が売ったかという点について記述している内容はかなり信頼できると考えてよいだろう。豊後とは今の大分県で、肥後とは今の熊本県と考えてよい。豊後はキリシタン大名の大友宗麟の領地で、太閤検地の頃の石高は四十一万八千石であった。一石は大人一人が一年に食べる米の量とされているが誤差も考慮して、人口は三十万人～四十万人程度と考えよう。

フロイスによると豊後の全領民が三分され、そのうちの「第二集団」は薩摩や肥後に連行された後、島原まで連れていかれて「二束三文で売却」されたという。この人数がどれくらいの数字になるかは、人によってイメージする数字が異なるだろうが、人口の一割〜二割と考えても、三〜八万人という数字になってしまう。

フロイスは明確には書いていないが、それらの人々が島原でポルトガル商人に買われ、世界各地に送られて奴隷として売られていった、ということではなかったか。

島原半島の南にある口之津は南蛮貿易の拠点であった港で、口之津の約十キロ東に原城があり、そこに爆薬に使われる硝石の集積場があった。硝石（硝酸カリウム）は爆弾を製造するに不可欠な原料なのだが、湿潤気候の日本国内では天然に産出しないため、当初は南蛮貿易で入手するしかなかった。それを入手するための対価のかなりの部分が、奴隷を売ることによって作られたと考えられている。

島原半島は、当時キリシタン大名の有馬晴信の領地であった。この島原でポルトガル商人は日本人を買い込んで、海外で奴隷として売り捌いたと考えられるのだが、ポルトガル商人に豊後の人々らを売ったのは日本人なのである。このことをどう理解すればよいのだろうか。

藤木久志氏の著書に、この時代を読み解く上できわめて重要なことが書かれている。

凶作と飢饉のあいついだ戦国の世、懸命に耕しても食えない人々は傭兵になって戦場へ行った。戦場に行って、わずかな食物や家財や男女を奪い、そのささやかな稼ぎで、なんとか冬を生き抜こう。そんな雑兵たちにとって、飢えに見舞われる冬から夏への端境期の戦場は、たった一つのせつない稼ぎ場であった。そこには、村にいても食えない二、三男坊も、ゴロツキも悪党も、山賊海賊や商人たちも殺到して、活躍した。戦場にくり広げられた濫妨狼藉、つまり掠奪・暴行というのは「食うための戦争」でもあったようだ。

（藤木久志『新版　雑兵たちの戦場』朝日選書　p７）

「雑兵《ぞうひょう》」とは武士に奉公する「足軽」や、足軽より身分が低く戦場で馬をひいたり槍を持つ「下人」や、村々から駆り出されて物を運ぶ「百姓」などの総称で、戦国大名の軍隊は、騎馬姿の武士はせいぜい一割程度で、残りの九割は「雑兵」であったそうだ。

雑兵たちには、懸命に戦っても恩賞があるわけではない。彼らを軍隊につなぎとめて作戦に利用しようとすれば、ある程度の掠奪や暴行を許容する武将が多く、フロイスが詳細に記述した薩摩のほかにも全国各地で同様な記録が残されている。

人を奪うケースの多くは身代金目当てで行われていて、『雑兵たちの戦場』にはそのような記録が数多く紹介されている。

例えば甲斐国の年代記である『勝山記』という書物には、武田信玄軍に生け捕られて甲府へ連れ去られた男女のうち「身類（親類）アル人」は二〜十貫文ほどの身代金で買い戻されていたという記述があるそうだ（一貫文＝千文）。

また、永禄九年（一五六六年）に小田氏治の常陸小田城が長尾景虎（上杉謙信）に攻められて落城すると、城下はたちまち人を売り買いする市場に一変し、景虎自身の指図で、春の二月から三月にかけて二十〜三十文ほどの売値で、人が売られたという記録があるそうだ。折から東国はその前の年から深刻な飢饉に襲われており、時代や地域によってその価格は異なる。

本州や四国での人身売買については海外に売られていくことはなかったのだろうが、九州で分捕られた場合は、親族の引き取りがなければ安値で海外に売られていくルートが存在した。つまり、そのような人々が奴隷として海を渡っていったのである。

薩摩軍が分捕った人の売値は、フロイスの記録によると、「二束三文」でタダ同然だったという。

そして、この硝石の多くは、後に島原の乱で天草四郎が江戸幕府軍との戦いで使われたと考えられるのだが、その点については第5章に記すこととする。

スペインの世界侵略とインディオの悲劇

有史以来、戦争の勝者が捕虜や被征服国の住民を奴隷とすることは、程度の差はあるが世界中で存在したし、わが国でもそれは例外ではなかった。

一口に「奴隷」といっても待遇は時代・地域により様々で、例えば古代ギリシアのスパルタの奴隷は移動の自由こそなかったが、一定の租税さえ納めれば経済的に独立した生活を送ることができたそうだ。また、アテナイの奴隷は市内移動の自由が認められ、知的労働に従事することもあったというし、古代ローマではローマ市民権を得て自由人となる道も開かれていたという。

奴隷貿易が質量ともに変化するのは十五世紀から始まる大航海時代以降の話で、ヨーロッパ人がインド・アジア、アメリカ大陸、アフリカ大陸などに進出し、植民地的な海外進出を始めた頃からだ。「奴隷狩り」で大量に集められた奴隷が商品として地球規模で売られていったのは、この時期からだと考えてよい。

この時期に日本人奴隷が大量に流出したことは、こうした世界史の流れの中で理解すべきである。では、この時期のスペイン・ポルトガルの世界侵略の実態はいかなるものであったのか。

教科書では「ヨーロッパの世界進出」とか「ヨーロッパ世界の膨張」という言葉が使われることが多いのだが、私はこのことに違和感を覚える。この時代に起こったことは、普通に考えれば「侵略」とか「大虐殺」という表現こそがずっとふさわしいと思うのだ。

ヨーロッパ人がこの時期に世界中を荒らしまわった背景については、マルコ・ポーロの『東方見聞録』によって金の空想にかきたてられてアジアへの関心が高まったこと、ヨーロッパ人の必需品となっていた香辛料がイスラム圏との争いで手に入りにくくなって価格が高騰したこと、羅針盤の改良などの遠洋航海術の発達や地理学の発達したこと、キリスト教の布教熱の高まりがあったことなどが挙げられている。

ところで、なぜこの時代にキリスト教を世界に広めようとする動きが出たのだろうか。

十六世紀初頭から宗教改革の嵐に晒されていたキリスト教界は、相次いで誕生したプロテスタント諸派に対抗してカトリック教会内において改革運動が起こり、海外に新たな信者を獲得しようとする活動をローマ教会が後援した経緯がある。フランシスコ・ザビエルが所属していたイエズス会はこのような時期に結成（一五三四年）され、強固なカトリック教国であるスペイン・ポルトガルは、使命感溢れる宣教師を航海に同行させて、全世界に領土を拡大しつつキリスト教（カトリック）を広めていこうとしたのである。

教科書などにはこのような背景についての記載はなく、一四九二年にコロンブスがアメリカ大陸に到達したことや、一四九八年ヴァスコ・ダ・ガマがアフリカ最南端の喜望峰を経由してインドに到達したことなどの単純な事実の羅列があるだけだ。このような書物で歴史を学べば、大半の人がコロンブスは英雄だと思ってしまうところだろうが、当時の記録などを実際に読めば、多くの人がショックを受けることだろう。

コロンブスの航海については、後に地球規模の奴隷貿易を出現させたと言われているのだが、どのようなものであったのか。

一四九二年八月三日にコロンブスは、約九十名の乗組員を乗せてサンタ・マリア号以下三隻の船でパロス港から出帆し、西回り航路でインディアスを目指した。

十月十二日に今のバハマ諸島のウォトリング島に到着し、この島をインディアスの一部と考え、そこに住む人々を「インディオ」と呼び、島の名前をサンサルバドル島とした。

コロンブス一行は、サンサルバドル島だけでなく武器でインディオを脅迫して金銀宝石、真珠などを強奪し、イスパニョール島にスペイン初の入植地を作り、三十九名を残して、翌一四九三年三月にスペインに戻っている。

スペインでは大歓迎されて、この地にキリスト教徒になり得る、あるいはスペインの下僕になり得るインディオが住んでおり、また黄金も発見されたことを国王や教会関係者、出資者に報告している。その後、早速二回目の航海が準備され、一四九三年の九月二十五日に出帆することになるが、今度は植民が目的のために農民や坑夫を含む十七隻一千五百人という大船団であった。

しかしながら、十一月にドミニカ島に到着し前回作った入植地に行ってみると、基地はインディオにより破壊されており、現地に残したメンバーは全員が殺されていたという。

コロンブスはこの場所を放棄して新たなイザベル植民地を作ったが、スペイン人の行為に対して次第にインディオの怒りが高まっていく。一四九四年末に最初のインディオの反乱があり、それに対してスペイン人は武力報復を敢行し、多数のインディオを殺害し、また捕虜にした。この多くは現地で奴隷として使役されたが、一部は奴隷としてスペインに送られている。

一四九八年、第三次の航海では、コロンブスがおよそ六〇〇人ものインディオを奴隷としてスペインに連れて帰っている。こうして、強制労働→インディオ反乱→武力制圧→強制労働という「閉じた回路」がこの時点で形成される。この回路を成立させていたのは、レコンキスタ（著者註：七一八年から一四九二年までに行われたキリスト教国によるイベリア半島の再征服活動）の延長線上にある当時のスペイン人の好戦的姿勢とそれを物質的に保障する武力的優位、それにイスラム教徒でさえない邪教徒インディオに対する極端な侮蔑意識であった。

コロンブスによってきり拓かれたインディオに対する支配とその奴隷化への道は、ここエスパニョーラ島だけでなく、時を移さずカリブ海諸島全域に広がり、その後アステカ帝国やインカ帝国、「新世界」全域に及んだが、インディオ社会の崩壊をもっとも明確に示しているのが、その異常な人口減少である。

（池本幸三・布留川正博・下山晃『近代世界と奴隷制』人文書院　p58）

スペイン出身のラス・カサス神父は一五〇二年以降インディオスに何度も渡り、コロンブス以降のインディオの社会崩壊を目の当たりにした。
神父は何よりも平和的な方法によるインディオのキリスト教化を望んでいたのだが、豊かな暮らしをしていたインディオの状況は酷くなるばかりであり、一五四一年に国王カルロス五世に謁見して、インディオの社会崩壊はスペイン人の非道な所業によるものであるとの報告書を提出している。

この四〇年の間、また、今もなお、スペイン人たちはかつて人が見たことも読んだことも聞いたこともない種々様々な新しい残虐きわまりない手口を用いて、ひたすらインディオたちを斬り刻み、殺害し、苦しめ、拷問し、破滅へと追いやっている。例えば、われわれがはじめてエスパニョーラ島に上陸した時、島には約三〇〇万人のインディオが暮していたが、今では僅か二〇〇人ぐらいしか生き残っていないのである。

（ラス・カサス『インディアスの破壊についての簡潔な報告』岩波文庫　p19～20）

ラス・カサスはエスパニョーラ島の人口はかって三百万人いたと書いているが、先ほど紹介した『近代世界と奴隷制』によるとコロンブスが来る以前のエスパニョーラ島の人口は二十万〜三十万人で、それが一五七〇年には二集落を残すのみとなったとあり、キューバ島に関しては、当初六万人いたインディオが一五四四年にはわずか一千人になったと書いてある。ラス・カサスよりもこちらの数字のほうが正しいような気もするが、この説も論拠についてはよくわからない。

いずれにせよ南海の楽園が、スペイン人によってほとんど壊滅状態になったことだけは間違いがない。ほとんどインディオがいなくなってしまったので、不足する労働力を補うために、後に白人がこの地にアフリカから大量の奴隷を輸入することになったのだ。

しかし、このようなインディオの悲劇はなぜ起こったのだろうか。

ローマ教皇はこんなに残虐な行為を止めるつもりがあったのか、なかったのか。

これはキリスト教国だから起こった出来事なのか、どの宗教の国でもあり得たことなのだろうか。

スペイン・ポルトガルの世界侵略とローマ教皇教書が果たした役割

北アメリカにもアフリカにも同様な悲劇があったことは言うまでもない。

カリブ海地域から広がった地球規模の奴隷貿易に対しては、宗教的あるいは人道主義の立場から批判が古くからあったようだが、ローマ教皇が奴隷制度自体を弾劾したのは、比較的最近の話なのである。

ラス・カサス神父は平和的にキリスト教を布教するべきとの考えであった一方、それがキリスト教全体の方針ではなかったことを書いておかねばならない。

大航海時代にローマ教皇が多くの教書を出している。当時においてローマ教皇の教書は影響力のきわめて大きい文書であったことは間違いがない。では、奴隷制についてはどのように書かれているのだろうか。

この点については、先ほど紹介した『カトリック教会と奴隷貿易』に詳述されている。

この本には、キリストの敵の奴隷化を許容する教書がいくつか挙げられ、その中の一つが前にも引用した「ロマーヌス・ポンティフェックス」である。

この教書における異教徒は、時代背景からすると主にイスラム教徒との戦いを念頭に置いて書かれたものと思われるが、一四九三年に教皇アレクサンデル六世がカスティリア＝レオン（後のスペイン）の国王に対して発布した「贈与大勅書 Inter Caetera」もまた重要である。

「全能なる神よりペトロに授与された権威と、地上において行使するイエス・キリストの代理人としての権威にもとづき、他のいかなるキリスト教を奉ずる国王もしくは君主によっても現実に所有されていないすべての島々と大陸、および、その一切の支配権を、汝ら、および汝らの相続人であるカスティリアならびにレオンの国王に永久に……贈与し、授与し、賦与するとともに、汝らと汝らの相続人を……完全無欠の領主に叙し、任命し、認証する。」

（『カトリック教会と奴隷貿易』p62～63）

この勅書が、スペイン国王に新発見の領土・領海に対する絶対的支配権を与えたと解釈され、インディアスの征服が福音弘布のための「予防戦争」とみなされることになり、さらに異教徒の奴隷化を許容していたことから、平和なインディオの社会が急激に崩壊していくことになるのだ。

ここで日本の歴史を振り返ってみることにしよう。

ザビエルが日本に来たのが一五四九年、大村純忠の洗礼が一五六三年、大友宗麟が一五七七年、有馬晴信が一五八〇年。大友・大村・有馬の三氏が天正遣欧少年使節を派遣したのが一五八二年である。この時期はかなりの日本人奴隷が世界に流出していた時期である。

この時期に日本に来たポルトガル人は、ローマ教皇の教書によりわが国を支配する権利を付与されていた状態にあった。

例えば高瀬弘一郎氏の『キリシタン時代の研究』に、イエズス会の宣教師ヴァリニャーノがマカオからフィリピンの同僚に送った書簡の一節が紹介されている。そこには「シナ、日本、その他ポルトガル国民の征服に属する地域において…」という表現が使われており、わが国は「ポルトガル国民の征服に属する地域」になっているのだ。

同様の表現が他の文書にもあることが同書に紹介されているが、この言葉の意味を理解するには一四九四年に教皇アレクサンデル六世の承認によるトルデシリャス条約によって、スペインとポルトガルとがこれから侵略する領土の分割方式が取り決められ、さらに一五二九年のサラゴサ条約でアジアにおける権益の境界線（デマルカシオン）が定められていたことを知る必要がある。この条約によるとスペインとポルトガルの境界線は、日本列島を真っ二つに分断している。

これらの条約に基づきスペインは西回りで侵略をすすめ、一五二一年にアステカ文明のメキシコを征服し、一五三三年にインカ文明のペルー、一五七一年にフィリピンを征服した。

一方ポルトガルは東回りで侵略を進め、一五一〇年にインドのゴアを征服し、一五一一年にはマラッカ（マレーシア）、ジャワ（インドネシア）を征服した。いずれもキリスト教の神父が先兵となっているのは同じである。

そして一五四九年にフランシスコ・ザビエルが日本に上陸し、キリスト教の布教が開始されたのだ。

彼らの侵略の仕方を知るうえで、一五三二年にスペインのフランシスコ・ピサロが、インカ帝国をいかなる口実で攻撃したかが参考になる。

ピサロは一五三二年にインカ帝国皇帝アタワルパに部下と通訳とバルベルデ神父を遣わし、神父は片手に十字架、片手に聖書を振りかざしてアタワルパのところに進んで、キリスト教に改宗することを迫っている。アタワルパは神父に聖書を見せるように要求して、自分でしばらくそのページを開いていたのだが、しばらくしてそれを投げ捨ててしまった。アタワルパのこの行為が、スペイン人がインカを攻撃する口実となったのだが、この戦いにおける神父の役割に注目である。

W・H・プレスコットは戦いの始まる場面をこう記している。

彼の僧は神聖な書物に加えられた侮辱に大いに憤怒して、それを拾い上げるやいなや、急いでピサロの許に赴き、出来事を告げるとともに「あの高慢ちきな奴と話をして、吾々がぼんやり暇潰しをしている間に、広場がインディアンで埋まって行くのに気が付かないのですか！　直ぐにお始めなさい！　拙僧は貴殿たちを解罪しよう」と叫んだ。ピサロは頃はよしと考えた。彼は予め定めた合図たる白い肩布を振った。運命の大砲が城砦から発射された。そこでスペイン人は指揮官も兵士も「そら行け！」と喊声を挙げて広場に突進した。それに応じて街にいたすべてのスペイン人は鬨の声を挙げ、隠れていた大広間の通路から駆け出し、騎兵も歩兵もそれぞれの密集隊形をなして広場に突入し、群がるインディアンの真只中に飛び込んだ。

（W・H・プレスコット・石田外茂一・真木昌夫訳『ペルー征服 上』講談社学術文庫　p292）

この戦いで七千人の非武装のインディオが殺され、アタワルパは輿から引き摺り下ろされ、太陽の神殿に投獄されたのち、ピサロに金を大部屋一杯分、銀を二杯分提供し釈放を求めたものの翌年には絞首刑に処されたというのだが、なぜバルベルデ神父がこの戦いでインディオとの攻撃開始の合図を出すことができたのだろうか。

前述したとおり、スペインは『贈与大勅書』により非キリスト教国を支配する権利をローマ教皇より付与されていた。さらに異教徒の財産を剝奪し奴隷とする権利が認められていたのである。

したがってアタワルパがキリスト教に改宗する意思がないことを神父が見極めれば、いつでもその権利を行使してインカ帝国を堂々と侵略し、財宝をわがものにすることができるし、また住民を奴隷にすることもできるのである。現在の価値観ではきわめて非人道的行為ではあるが、当時において有効であった教皇の教書にはまったく矛盾しない行動なのだ。

日本がインカ帝国のようにならなかったのは、この当時の日本は戦国時代で日本の刀や鎧は西洋の武器よりもはるかに優秀であったことや、天文十二年（一五四三年）に鉄砲が伝来し、その翌年には鉄砲の大量生産を開始して以後急速に各地に広まったばかりではなく、のちに世界最大の武器輸出国となっていたことなどの要因を無視できないだろう。

もしキリスト教が、鉄砲よりもかなり早く伝来していたとしたら、わが国は鉄砲や大砲を持つポルトガル勢力を斥けることが可能であっただろうか。いくら優良な刀を保有していても、遠くから銃や大砲で狙い撃ちされては勝負にならず、わが国においても、インカ帝国と同様のことが起こっていても不思議ではないような気がするのだ。

新約聖書には「汝の隣人を愛せよと」いった言葉もあるのだが、旧約聖書には異教徒に対しては過激な言葉が散見される。例えば、以下のような文だ。


あなたの神、主があなたに渡される国民を滅ぼしつくし、彼らを見てあわれんではならない。

（『申命記』七章一六節）

そしてあなたの神、主がそれをあなたの手にわたされる時、つるぎをもってそのうちの男をみな撃ち殺さなければならない。ただし女、子供、家畜およびすべて町のうちにあるもの、すなわちぶんどり物は皆、戦利品として取ることができる。また敵からぶんどった物はあなたの神、主が賜わったものだから、あなたはそれを用いることができる。

（同二〇章一三～一四節）

この旧約聖書の言葉を文字どおり読むと、この時代のスペイン人もポルトガル人もこの言葉どおりのことを行っただけだという解釈も可能だ。もしこの言葉どおりにキリスト教国が動けば、世界中がキリスト教に改宗しない限り、争い事がいつまでも繰り返されることになるという理屈になってしまう。

アフリカ大陸西端のゴレ島に一七七六年に建てられた「奴隷の家」という赤褐色の二階建ての建物がある。窓のほとんどない小部屋ばかりの一階には船に積み出しされるまでの奴隷が詰め込まれ、二階は奴隷商人である主人とその手下たちの住まいであったという。

一九九二年二月二十二日、この「奴隷の家」に、教皇ヨハネ・パウロ二世が、「奴隷貿易に従事したキリスト教国家とキリスト教徒に神の許しを乞うために」訪問されたそうだ。『カトリック教会と奴隷貿易』の表紙には、その時の教皇の写真が掲載されている。

奴隷貿易が「キリスト教国とそれに属する人々によってなされた罪過」なのか、それとも同時に、「キリストの御名を戴く教会も関与した罪過」なのかという問いがよく発せられるのだが、ローマ教皇が奴隷貿易の謝罪のためにこの場所を訪れたという事実は、大航海時代以降のキリスト教会が奴隷貿易に関与していたことの、何よりの証になるのではないだろうか。

宣教師たちがシナの征服を優先すべきと考えた理由

イエズス会を創設した一人であるイグナチウス・ロヨラは、「私の意図するところは異教の地を悉く征服することである」と述べたそうだが、イエズス会の宣教師が残した文書には、東アジアの侵略事業をいかにして進めるかというテーマで書かれたものがいくつかある。しかしながら、わが国を訪れた宣教師たちは、鉄砲の大量生産に成功していたわが国を征服することは容易でないことを認識していた文書も存在する。

たとえば、わが国で最初にキリスト教を布教したザビエルは、ポルトガルのロドリゲス神父宛ての一五五二年四月八日付の書簡で日本を占領することは無理だと報告している。

貴兄に、我等の国王と王妃とに、次の献言をして頂きたいためである。即ち、此の御二方は、その良心を軽くせんがため、カスチリヤ（著者註：スペイン）の艦隊を、ノヴ・イスパニヤ経由で、プラタレアス群島（著者註：「銀の島」。日本はそう呼ばれていた）の探検のために、送らないようにと、皇帝やカスチリヤ国王達に知らせなければならないことである。何となれば、幾つの艦隊が行っても、皆滅びてしまうからである。そのわけは、海底に沈没しなくても、その島々を占領するならば、日本民族は甚だ戦争好きで貪欲であるから、ノヴ・イスパニヤから来る船は、皆捕獲して了うに違いないからである。他方日本は、食物の頗る不作の土地であるから、上陸しても皆飢え死にするであろう。その上、暴風が甚しいので、船にとっては、味方の港にいない限り、助かるわけは一つもない。

以上述べた通り日本人は貪欲であるから、武器や品物を奪うために、外人の全部を殺すであろう。

（『聖フランシスコ・デ・サビエル書翰抄（下）』ｐ172～173）

同様のことを、織田信長とも親交のあったイエズス会の東インド巡察師ヴァリニャーノも、一五八二年十二月十四日付のフィリッピン総督宛ての書簡に書いている。本能寺の変から半年後に次のような書簡が書かれたことに注目したい。当時のフィリピンは一五七〇年にマニラが征服され、翌年にマニラ市が設置されてスペインによる本格的な支配が開始され、また一五八〇年にポルトガル王国のエンリケ一世が死去して以降スペイン王がポルトガル国王を兼務することとなり、ヨーロッパの覇権を握ったスペインが次にどの国に向かうべきかがこの書簡の主題である。

これら東洋に於ける征服事業により、現在いろいろな地域に於いて、陛下に対し、多くのそして大きな門戸が開かれており、主への奉仕及び多数の人々の改宗に役立つところ大である。（中略）最大のものの一つは、閣下のすぐ近くのこのシナを征服することである。（中略）私は閣下に対し、霊魂の改宗に関しては、日本布教は、神の教会の中で最も重要な事業の一つである旨、断言することが出来る。何故なら、国民は非常に高貴且つ有能にして、理性によく従うからである。尤も、日本は何らかの征服事業を企てる対象としては不向きである。何故なら、日本は、私がこれまで見て来た中で、最も国土が不毛且つ貧しい故に、求めるべきものは何もなく、また国民は非常に勇敢で、しかも絶えず軍事訓練をつんでいるので、征服が可能な国土ではないからである。

（高瀬弘一郎『キリシタン時代の研究』岩波書店　p81〜83）

ヴァリニャーノは、まずシナを征服すべきであるとし、日本は武力征服が成功する見込みがないし国土が不毛でメリットがないということを書いている。
イエズス会の巡察師というのはイエズス会総長から全権を委託されて、東アジアの布教を統括した役割の宣教師と理解すればよい。彼ら宣教師の目的が布教だけでなかったことは彼らの書簡を読めば明らかなことである。

また、フィリピンのマニラ初代司教のサラサールが、一五八三年六月十八日付でスペイン国王に宛てた、シナに対する武力征服の正当性を主張した報告書が残されている。この報告書は当時のスペインの征服事業が、前に記したローマ教皇の教書に基づいたものであることを裏付けている。

私がこの報告書を作成した意図は、シナの統治者達が福音の宣布を妨害しているので、これが、陛下が武装してかの王国に攻め入ることの出来る正当な理由になるということを、陛下に知らせるためである。

（同書　p85）

もしも迅速に遠征を行うなら、シナ人がわれわれを待機し、われわれに対して備えをするのを待ってから事を起すよりも、はるかに少数の軍勢でこと足りよう、という点である。そしてこのことを一層容易に運ぶには、シナのすぐ近くにいる日本人がシナ人の仇敵であって、スペイン人がシナに攻め入る時には、すすんでこれに加わるであろう、ということを、陛下が了解されるとよい。そしてこれが効果を上げるための最良の方法は、陛下がイエズス会総会長に命じて、この点日本人に対し、必ず在日イエズス会士の命令に従って行動を起こすように、との指示を与えるよう、在日イエズス会修道士に指令を送らせることである。

（同書　p88）

キリスト教の布教に協力しないということだけで宣戦布告できるというのは、前に述べたインカ帝国を滅ぼした手口と同様である。

これはローマ教皇アレクサンデル六世が一四九三年に出した『贈与大勅書』により、異教徒であることが認定されればすべての権利がスペインに帰属するという解釈により、「福音の宣布を妨害している」ことを口実にシナにも攻め入ることができると進言しているのだ。

この書簡でもう一つ重要なことは、サラサールが「在日イエズス会士の命令に従って行動を起こすように」と指示すれば、秀吉の命令がどうであれ、キリシタン大名はそれに従うと考えていたという点である。

また、イエズス会日本布教長フランシスコ・カブラルが、一五八四年にスペイン国王へ宛てた書簡にはこう記されている。ここではイエズス会は、キリシタン大名を用いて中国を植民地化することをスペイン国王に提案していたようだ。

> 私の考えでは、この征服事業（著者註：明の植民地化）を行うのに、最初は七〇〇〇乃至八〇〇〇、多くても一万人の軍勢と適当な規模の艦隊で充分であろう。（中略）日本に駐在しているイエズス会のパードレ達が、容易に二～三〇〇〇人の日本人キリスト教徒を送ることが出来るであろう。彼等は打続く戦争に従軍しているので、陸、海の戦闘に大変勇敢な兵隊であり、月に一エスクード半又は二エスクードの給料で、嬉々としてこの征服事業に馳せ参じ、陛下に御奉公するであろう。
>
> （同書　p95）

この翌年の一五八五年三月三日、コエリョは、フィリピンイエズス会の布教長に対し、日本への軍隊派遣を求め「もしも国王陛下の援助で日本六十六ヵ国凡てが改宗するに至れば、フェリペ国王は日本人のように好戦的で頭のよい兵隊を得て、一層にシナを征服することができるであろう」と書いている。すなわちコエリョは、日本人をキリスト教に改宗させた上で、その軍事力を使ってシナ征服にとりかかろうという考えであったのだ。

これらの書簡を読めば、日本へのキリスト教の布教は単に信者を増やすというレベルの問題ではなく、スペイン・ポルトガルが海外を征服していくための国家戦略に組み込まれていて、宣教師は世界征服のための先兵のような存在であったことが誰でもわかるだろう。

第3章

キリスト教勢力と戦った秀吉とその死

「豊臣秀吉肖像」（高台寺蔵）

秀吉のキリスト教布教許可と九州平定

前章で、スペインの植民地拡大に宣教師たちが大きな役割を果たしたことを述べたが、わが国においては天正十四年（一五八六年）に、彼らは当時の最大の権力者であった関白秀吉に接近し、布教の許可を得ることに成功している。

この会見で通訳としてイエズス会日本準管区長のコエリョらと同席したルイス・フロイスは、この時の秀吉の発言について次のように記している。

日本国内を無事安穏に統治したく、それが実現したうえは、この日本国を弟の美濃殿（羽柴秀長）に譲り、予自らは専心して朝鮮とシナを征服することに従事したい。それゆえその準備として大軍を渡海させるために目下二千隻の船舶を建造するために木材を伐採せしめている。なお予としては、伴天連らに対して十分に艤装した二隻の大型船《ナウ》を斡旋してもらいたいと願う外、援助を求めるつもりはない。そしてそれらのナウは無償で貰う考えは毛頭なく、代価は言うまでもなく、それらの船に必要なものは一切支払うであろう。（提供されるポルトガルの）航海士たちは練達の人々であるべきで、彼らには封禄および銀をとらせるであろう。

（『完訳フロイス日本史④』 p99～100）

秀吉は、コエリョがわが国のキリスト教化ののち、シナの征服に取りかかる考えであることを知っていたのか、コエリョの計画を逆手に取って自らの手で明を征服すべく、キリスト教の布教を認める代わりに軍艦を手に入れて、逆に彼等を利用しようとしたわけである。

彼らが入手した許可状の内容はルイス・フロイスの記録によると次のようなものであった。

関白殿の許可状の写し

伴天連らが日本中、いずこの地にも居住することに関しては、予はこれを許可し、彼らの住院に兵士たちを宿泊させる義務、ならびに仏僧らの寺院に課せられるあらゆる義務から彼らは免除される特権を付与する。彼らがそのキリシタンの教えを説くにあたり、乱暴狼藉あるまじきこと。

天正十四年五月四日

秀吉（Findeyoxi）

（同書　p115）

この会見においてコエリョが、大村・有馬のキリシタン大名の仇敵である島津を征伐するのなら高山右近らを秀吉の味方につけると進言したことから、秀吉がそれに応じて大軍を送りこみ、九州平定の戦いが始まった。

大村純忠・有馬晴信のキリシタン大名は島津氏に何度も脅かされていたので、イエズス会にとっては秀吉の九州攻めは願ってもないことであり、高山右近も献身的に働いた。

ところが、九州平定に成功すると、秀吉はまるで右近の役割が終わったかのように、右近にキリスト教の棄教をせまり、それに抵抗した右近を追放してしまった。その一方で、征伐した島津氏の領国はほとんど変わりなく安堵しているのである。

秀吉は、イエズス会に協力するように見せかけながら、実際は宣教師やキリシタン大名の勢力を弱めるために九州平定を仕掛けたとしか思えないのだ。

秀吉によるイエズス会日本準管区長・コエリョへの質問

天正十五年（一五八七年）に秀吉は、キリスト教に対する態度を急変させ、博多で伴天連追放令を出している。

ルイス・フロイスの『日本史』によると、秀吉はこの年の七月二十四日（天正十五年六月十九日）の夜に、コエリョに対し使いを出して、次のような言葉を伝えている。

その第一は、汝らは何ゆえに日本の地において、今まであのように振舞って来たのか。（中略）仏僧たちは、その屋敷や寺院の中で教えを説くだけであり、汝らのように宗徒を作ろうとして、一地方の者をもって他地方の者をいとも熱烈に煽動するようなことはしない。よって爾後、汝らはすべて当下九州に留まるように命ずる。（中略）もしそれが不服ならば、汝らは全員シナ（マカオ）へ帰還せよ。（中略）

第二の伝言は、汝らは何ゆえに馬や牛を食べるのか。それは道理に反することだ。馬は道中、人間の労苦を和らげ、荷物を運び、戦場で仕えるために飼育されたものであり、耕作用の牛は、百姓の道具として存在する。しかるにもし汝らがそれを食するならば、日本の諸国は、人々にとってはなはだ大切な二つの助力を奪われることとなる。（中略）

第三は、予は商用のために当地方（著者註：九州）に渡来するポルトガル人、シャム人、カンボジア人らが、多数の日本人を購入し、彼らからその祖国、両親、子供、友人を剝奪し、奴隷として彼らの諸国へ連行していることも知っている。それらは許すべからざる行為である。よって、汝、伴天連は、現在までにインド、その他遠隔の地に売られて行ったすべての日本人をふたたび日本に連れ戻すよう取り計らわれよ。もしそれが遠隔の地のゆえに不可能であるならば、少なくとも現在ポルトガル人らが購入している人々を放免せよ。予はそれに費やした銀子を支払うであろう、と。

（同書　p２０７～２０８）

これらの秀吉の言葉に対し、三つ目の日本人奴隷の問題に関してコエリョが答えた内容についてはこう書かれている。

この忌むべき行為の濫用は、ここ下《シモ》の九ヵ国においてのみ弘まったもので、五畿内や坂東地方では見られぬことである。我ら司祭たちは、かかる人身売買、および奴隷売買を廃止させようと、どれほど苦労したか知れぬのである。だがここにおいてもっとも肝要なのは、外国船が貿易のために来航する港の殿たちが、厳重にそれを禁止せねばならぬという点である。

（同書　p２１０～２１１）

「外国船が貿易のために来航する港の殿たち」とは、九州のキリシタン大名を遠回しに述べたもので、コエリョは、「奴隷売買は九州だけで起こっていることで、我らも廃止させようと努力しているのに取締らない日本側に問題があると」と答えたのである。

宣教師たちが布教の妨げになるとの理由で奴隷売買を禁止させようと動いたことは事実であり、一五七一年にポルトガル国王セバスティアン一世は日本人を買うことを禁止したのだが、ポルトガル人はこの勅令を無視し続けてきたのである。

翌朝秀吉の怒りはさらに激しくなり、早朝、家臣や貴族を前にしてこう述べたという。

奴ら（著者註：キリスト教徒）は一面、一向宗徒に似ているが、予は奴らのほうがより危険であり有害であると考える。なぜなら汝らも知るように、一向宗が弘まったのは百姓や下賤の者の間に留まるが、しかも相互の団結力により、加賀の国においては、その領主（富樫氏）を追放し、大坂の僧侶を国主とし主君として迎えた。（顕如）は、予の宮殿（大坂城）、予の眼前にいるが、予は彼に築城したり、住居に防壁を設けることを許可していない。だがいっぽう奴ら伴天連らは、別のより高度な知識を根拠とし、異なった方法によって、日本の大身、貴族、名士を獲得しようとして活動している。彼ら相互の団結力は、一向宗のそれよりも鞏固である。このいとも狡猾な手段こそは、日本の諸国を占領し、全国を征服せんとするためであることは微塵だに疑惑の余地を残さぬ。なぜならば、同宗派の全信徒は、その宗門に徹底的に服従しているからであり、予はそれらすべての悪を成敗するであろう。（同書　p213～214）

秀吉はそう述べた後に、別の伝言を申し渡すために二名の家臣を呼んで司祭の元に派遣した。その伝言は、「キリシタンは、いかなる理由に基づき、神や仏の寺院を破壊し、その像を焼き、その他これに類した冒瀆を働くのか」というものであった。
その質問に対するイエズス会の回答書は、フロイスの記録するところでは次のようなものであった。

御身らは殿下に告げられよ。我ら司祭は、神、仏、またその像とはなんら係わりなき者である。だがキリシタンたちは、我らの教えを聞き、真理を知り、新たに信ずるキリシタンの教え以外には救いがないことを悟った。そして彼らは坊主たちと同様、日本人であり、幼少時からその宗派と教義の中で育って来た人たちではあるが、神も仏も、またそれらを安置してある寺院もなんら役立たぬことを知った。彼らは、キリシタンになってからは、デウスから賜わった光と真理を確信し、なんら我らから説得や勧告をされることなく、神仏は自分たちの救済にも現世の利益にも役立たぬので、自ら決断し、それら神仏の像を時として破壊したり毀滅したのである。

（同書　p２１４〜２１５）

イエズス会の秀吉への回答書に関して、同じイエズス会のジアン・クラッセが一六八九年に著した『日本西教史』にも記録が残されている。秀吉に対する回答部分について、クラッセはフロイスの書いている内容とは異なる書き方をしている。

関白殿下かつて書を下し、キリストの法教を国内一般に説法するを許せり、キリストの教えはただ天地創造の一真神を崇拝するにより、殿下は日本人のキリスト教に入るを許し、偶像を拝するを禁じ、而して真神に害する所あるを以てその社寺を毀つを許されしなり。（＊ジアン・クラッセ『日本西教史 上巻』時事彙存社、大正2年　p674）

偶像崇拝を禁じているキリスト教の布教を関白秀吉から許されたことは、異教である仏教の寺や仏像、神社を破壊することも許されたことになると解釈するのは、多神教を奉ずる日本人にはなかなか理解しがたいところなのだが、一神教であるキリスト教では異教はすべて根絶すべきものと考え、その破壊を実行することは正しいと考えてしまうところにその怖さがある。このような善悪二元論的な考え方では、異教を根絶する日が来るまで徹底して破壊し、戦い続けなければならなくなる。

イエズス会の回答を確認した後に秀吉は、「予は日本のいかなる地にも汝らが留まることを欲しない。ここ二十日以内に、日本中に分散している者どもを集合せしめ、日本の全諸国より退去せよ」と命じ、伴天連追放令を出したのである。

秀吉はなぜ伴天連追放令を出したのか

この時に手交された文書の内容はフロイスの『日本史』に出ているが、文書の日付は和暦のままで記されている。

一、日本は神々の国なるにより、キリシタン国より悪魔の教えを説くために伴天連たちが渡来したことははなはだしい悪事である。

二、これらの者（伴天連たち）は日本の諸国諸領に来り、その宗派の信徒を作り、神や仏の寺院を破壊するが、かかることは日本においていまだかつて見聞せざるところである。天下の主が、人々に国、町、村および封禄を与えるのは、その当時限りのものである。彼らは天下の法、ならびに定めを寸分も曲げることなく遵守すべきである。

しかるに民衆が、かかる寺社の破壊など、騒擾をなすは、これ処罰に価する。
三、もし天下の君が、キリシタンの意向に従って伴天連たちがその高尚な知恵の法をもって振る舞うのを善しとするならば〔先に述べたごとく〕彼ら伴天連らは日本の法を破ることになる。しかしてそれははなはだ不正なことであるから、予は伴天連が日本に留まってはならぬと定める。よって、今日より二十日以内に、彼らは身辺を処理し、自国に帰るべきである。もしこの期間中に彼らに対して害を加える者があれば罰せられるであろう。
四、ポルトガル船が商取引に来るのは、それとは大いに異なることゆえ、なんらの妨げなく、それ（取引き）を許される。
五、今後、商人に限らず、インドから来るいかなる人々も、神と仏の教えを妨害せぬ限り、自由に日本に来ることができる。以上告知する。

天正十五年　六月十九日

（『完訳フロイス日本史④』　ｐ２１５〜２１７）

このように、六月十九日の文書には奴隷売買のことには触れられていないのだが、これとは別に六月十八日付の十一箇条の文書があり、その中に奴隷売買を禁止する条項が記されている。その原文は、以下のとおりである。

一、大唐、南蛮、高麗へ日本仁（日本人）を売遣候事曲事（著者註：曲事＝犯罪）。付、日本において人の売買停止之事、一、牛馬を売買ころし食事、是れ又曲事たるべき事、右の条々、堅く停止せられおはんぬ、若し違犯の族之れあらば、忽ち厳科に処せらるべき者也。

（伊勢神宮文庫所蔵『御朱印師職古格』）

秀吉の側近の大村由己が、秀吉の九州平定の時に同行して『九州御動座記』という記録を残しており、秀吉が伴天連追放令を出した経緯を短い文章にまとめている。この文章はわが国における日本奴隷売買の記録として第2章で内容を少しだけ紹介したが、徳富蘇峰の著書にその文献が引用されている。

今度伴天連等能き時分と思候て、種々様々の宝物を山と積《つみ》、いよいよ一宗繁昌の計略を廻らして、すでに後戸《ごと》（五島）、平戸、長崎などにて、南蛮舟つきごとに完備して、その国の国主を傾け、諸宗をわが邪法に引き入れ、それのみならず日本人を数百男女によらず、黒船へ買取り、手足に鉄の鎖《くさり》を付け、舟底へ追入れ、地獄の苛責にもすぐれ、その上牛馬を買い取り、生きながら皮をはぎ、坊主も弟子も手づから食し、親子兄弟も礼儀なく、ただ今世より畜生道の有様、目前之様に相聞候。見るを見まねに、その近所の日本人、いずれもその姿を学び、子を売り親を売り妻女を売り候よし、つくづく聞しめし及ばれ、右之一宗御許容あらば、たちまち日本外道之法に成る可き事、案の中に候。然れば仏法も王法も、相捨てる可き事を歎き、思召され、忝《かたじけなく》も大慈、大悲の御思慮を廻らされ候て、既に伴天連の坊主、本朝追払之由仰出され候。

（＊『近世日本国民史 豊臣氏時代 乙篇』p386～387）

この文献によると、秀吉はこのまま彼らにキリスト教布教を許容していたら、わが国は「外道の法」に陥ることになることを歎き、伴天連を追放することを決断したということになるのだが、おそらく秀吉は、彼らはいずれ武力を利用してわが国を占領していく魂胆があることを見抜いていたと思われる。前節で引用した「日本の諸国を占領し、全国を征服せんとするためであることは微塵だに疑問の余地を残さぬ」という秀吉の言葉は、そのことを秀吉が強く警戒していた証左だと考えられる。

しかし困ったことに、秀吉が伴天連追放令を出しても、長崎にいた宣教師たちはほとんど帰国しなかったのである。彼らは九州にいたキリシタン大名たちが保護してくれることを信じ、六ヵ月の猶予期限経過後も長らく長崎に留まっていた。期限までに帰国したのは、司祭になるためにマカオに向かった者が三人いただけだったようだ。

天正十六年（一五八八年）にコエリョは秀吉に書を送り「今年は貨物が多いため、多くの宣教師を送還することができない。来年は必ず送還する」と伝えたのだが、これを読んで秀吉は激怒し、近畿のキリシタン寺二十二箇所を破却し、長崎のイエズス会の所領を没収して直轄地とし、長崎代官を置いたという。

その後、宣教師らは秀吉を刺激しないようにし、法服を脱ぎ、商人の姿で布教活動に努めたのだそうだが、その結果、長崎のキリスト教信者はさらに増加し、文禄元年（一五九二年）に長崎奉行に寺沢広高（肥前唐津城主）が任地に着いた頃には、長崎の住民はことごとくキリスト教徒であったという。

伴天連追放令後のイエズス会宣教師の戦略

秀吉によって宣教師の国外追放が命じられたばかりか、高山右近が追放処分にされてその所領が没収され、さらに長崎におけるイエズス会の所領も失ってしまった。イエズス会宣教師たちは、秀吉のキリシタン迫害政策に恐怖を覚え、他のキリシタン大名たちが改易処分にされることにより、キリスト教会が安全な拠所と布教基盤の双方を失うことを恐れたのである。

一五八九年一月三十日付でルイス・フロイスがイエズス会総長に宛てた書簡にはこう記されている。文中の「パードレ」は、神父、司祭を意味している。

非常に重要なことは、日本においてイエズス会やキリスト教界を維持するためには、この地域に堅固な要塞を有して、何か迫害が生じたらそこにパードレ達が避難出来、更に彼らが資産・衣服、及び生活に必要な物をそこに保存出来るようにするのが絶対に必要だという点である。フェリペ国王は装備を施した二〇〇乃至三〇〇人の兵士でもってこれを獲得することが出来よう。

（『キリシタン時代の研究』　P１２７）

ところが、秀吉自身はポルトガルとの貿易の継続を強く望んでおり、また当時の日本ではマカオ＝長崎間貿易にイエズス会パードレの仲介を必要としていた事情があり、その後もイエズス会宣教師の日本滞在は黙認されていて、彼らは目立たない方法で布教活動を続けていた。

しかしながら、この頃からフランシスコ会などフィリピンのスペイン系修道士がローマ教皇の禁令を無視して日本に渡来するようになり、積極的に布教を行うようになってイエズス会による日本布教の独占が破られてしまう。のちに両者は激しく対立することとなるのだが、その点については後述することとしよう。

このように伴天連追放令が発されたのち宣教師たちの布教環境は大きく変わったのだが、わが国よりも先にシナの侵略を行うべきとする主張はその後も続いていた。一五八八年にアウグスチノ会のフライ・フランシスコ・マンリーケがスペイン国王に送った書簡にはシナ侵略におけるキリシタン大名の役割が明確に記されている。

もしも陛下が戦争によってシナに攻め入り、そこを占領するつもりなら、陛下に味方するよう、日本に於いて王達（著者註：キリシタン大名のこと）に働きかけるべきである。キリスト教徒の王は四人にすぎないが、一〇万以上の兵が赴くことが出来、彼らがわが軍を指揮すれば、シナを占領することは容易であろう。何故なら、日本人の兵隊は非常に勇敢にして大胆、且つ残忍で、シナ人に恐れられているからである。

（同書　p103）

このように、宣教師たちはわが国の小西行長や松浦鎮信らキリシタン大名の軍事支援があればシナを征服することは容易だと考えていたのである。つまり、宣教師がキリシタン大名に出兵を要請した場合は、彼らが十万以上の兵を出してシナ征服に協力してくれることの確信があったということであろう。

そして、もしキリシタン大名の協力を得てシナがスペインの領土となり、さらに朝鮮半島までスペインの支配が及んだとしたら、いずれスペイン海軍は朝鮮半島から最短距離でわが国に向かうことができる。そうすればキリシタン大名の銃口は秀吉に向かい、国内ではスペインを巻き込んでの戦争が始まるということがありえたのではないだろうか。

スペインに降伏勧告状を突き付けた秀吉

朝鮮出兵の前年である天正十九年（一五九一年）に、秀吉はゴアのインド副王（ポルトガル）とマニラのフィリピン総督（スペイン）にも降伏勧告状を突き付けて恫喝している。特にフィリピンに関しては、三度も降伏勧告状を送っているのに注目したい。

この当時のフィリピンにはわずかな兵士しかおらず、秀吉がその気になれば、大量の武器を準備できた秀吉軍は、容易にスペイン人をフィリピンから追い払っていた可能性が高かったのである。

秀吉がフィリピン総督（スペイン）に対して出した一回目の降伏勧告状には、次のように記されていた。

今や大明国を征せんと欲す、（中略）来春、九州肥前に営すべし。時日を移さず、降幡を偃せて而して来服すべし。若し匍匐膝行（著者注：ぐずぐずして）遅延に於いては速やかに征伐を加ふべきこと必せり。悔る勿れ。

（＊奈良静馬『西班牙《スペイン》古文書を通じて見たる日本と比律賓《フィリピン》』大日本雄弁会講談社、昭和17年　p42）

この国書を読んでスペインは驚いた。

当時の東南アジアには日本のように鉄砲を自国で大量に生産できる国はなかったので、スペインやポルトガルはわずかな鉄砲を持ち込み軍隊を派遣することで、異国の領土を容易に占領し支配することが可能だったのだ。だが、世界最大級の鉄砲保有国であった日本を相手にするとなると、そうはいかなかったのである。

秀吉の恫喝に対し、フィリピン太守であるダスマリナスは、わずか四百名の兵士では日本軍と戦う自信がなかったために日本の使節を歓待し、日本の実情を探らせるために返書を持たせて使者を送るしかなかった。

その後ダスマリナスは、日本人のフィリピンへの侵入を非常に警戒し、食糧や武器を可能な限り買い込むことを指示し、城塞の建設を命じた。さらに、いかなる市民も許可なくして財産や家族をマニラ市から移すことを禁じ、また許可なくしてフィリピンから船を出港できないようにし、とりわけ日本人を警戒することなどを命じている。

では、フィリピン国から秀吉に宛てた返書の内容はどのようなものであったかというと、要するに、秀吉の文書は果たして本物であるか、それを確かめるために使節を送るというものであったようだ。つまるところは時間稼ぎである。

さらにフィリピンから送られた使者のフレー・ジュアン・コボスは、フィリピンを秀吉の支配下に置くことについては意思表明を避けたため、秀吉は再び書状を書いて原田喜右衛門をマニラに遣わしている。

前掲書に、この時に秀吉が記した二回目の降伏勧告状が紹介されている。秀吉はこの書状の中で、スペインに先んじて朝鮮出兵で勝利したことを記している。

この地球上、天が下に住む者はすべてわが家来なり。余に対して恭順の意を致す者は平和と安堵を得、何らの恐怖なくして住むことを得べし。しかしながら、余に恭順を表せざる者に対しては、余は直に我が将卒を送りて、先ごろ朝鮮王に対して為せるが如く武力を行使すべし。これ朝鮮王が余に恭順を表することを拒みたるが故にして、余は……朝鮮全土を平静に帰せしめたり。

（＊同書　p111）

フィリピンは一五九三年の五月に原田の船で二度目の使節を日本に派遣し、その中に二人のフランシスコ会の修道士がいた。その一人のゴンザレスは、秀吉の服従要求に対しスペイン国王の返答があるまで日本に人質として留まることを請うたのだが、このゴンザレスは日本滞在中に、フランシスコ会伝道の基礎を作ることを企んでいたという。ちなみに、先にわが国で布教活動を行っていたイエズス会は、秀吉の伴天連追放令のあとで自由な布教活動ができなくなっていて、フランシスコ会にとっては日本で布教する絶好のチャンスが到来したと捉えていたのであろう。

ゴンザレスは、一五九四年に秀吉から太守のダスマリナスに宛てた三回目の降伏勧告状を携えてマニラに戻っているが、この内容もすごい。秀吉は中国にまで領土を広げたら、ルソンはいつでも行ける距離であると脅しているのだ。

　余は朝鮮の城砦を占領し、その使者を待つために多くのわが軍を派遣せり。彼らにしてもし再びその言を破るがごときことあらんか、余は親しく軍を率いてこれが討伐に赴くべし。而してシナに渡りたる後はルソンは容易にわが到達し得る範囲内にあり。願わくは互いに永久にわたりて親善の関係を保たん。カスティラ（スペイン）王に書を送り、余が旨を知らしむべし。遠隔の地なるの故をもってカスティラ王をして、余

が言を軽んぜしむることなかれ。（＊同書　p116〜117）

フィリピンでは、この書状にどう返事をするかで議論があったようだが、協議の結果次のような返事を提出することになったという。

親和関係の継続は閣下の希望し給うところなるを知り、大いにわが本懐に適えり。なんとなれば閣下もわが国王も共に大なる者なり、よってその親和関係もまた大なり、従ってその結果は互いに大なるものあり。（＊同書　p119）

そう書いておきながら、キリスト教徒としては、秀吉の臣下になることはどうしても拒絶したい。そこで、次のような表現が必要となってくる。

世界のすべての王が閣下に服従を申し出づるとも、わが王およびその臣民がこれに倣うがごときは想像し得ざるところなり。（中略）

一度わが全智全能の主の偉大なる事を知り給わば、閣下はわれらが全能の主に信頼を置く事の、いかに賢明なるかを了解し給うべし。余は閣下の不興を買わんがためにこの言をなすに非ず。ただ何故にわれらが全智全能のわれらの主なる神およびわれらの最も偉大なるキリスト教王ドン・フィリップ王以外の他の国王、他の威力、他の主に帰順せざるかを知らしめんがために言えるのみ。

（＊同書　p121〜122）

一神教を奉ずる国は、それぞれが異教徒世界と戦って勝利することで彼らの布教圏を拡大することを是としており、後退することはあり得なかった。したがって、フィリピン太守が異教徒である秀吉の臣下となることを拒絶したのは、一神教的な考え方に立てばきわめて当然のことであり、彼らは秀吉を挑発する意図を持って返書を書いたわけではなかったのである。

秀吉に対する返書が日本に向かう船に託されたすぐ後に、太守のダスマリナスはスペイン国王に対してメキシコより軍隊を至急に派遣することを要請する手紙（一五九四年六月二十三日付）を送り、「もし日本人襲来するも援兵到着せざる場合には、日本軍は長期にわたり大軍を以て攻囲占領し、臣らをして極めて窮迫の状態に陥らしむるに至るべし。」（＊同書　p129）とまで書いているのだが、メキシコからは、分遣隊が送られることはなかったのである。

このようなスペインとの交渉文書を読むと、スペイン側がわが国の軍事力をかなり恐れていたことがわかるのだが、残念ながらこのような出来事がわが国の通史などで紹介されることはほとんどないと言って良い。しかしながら、このような歴史を知らずして、秀吉の朝鮮出兵の意義を正しく理解できるとは思えないのである。

秀吉はなぜ朝鮮に出兵したのか

秀吉の朝鮮出兵については、晩年の秀吉は征服欲が嵩じて意味のない戦いをしてしまったようなニュアンスで学んだ記憶がある。歴史家も秀吉の誇大妄想と記述しているケースが多いようだが、秀吉がフィリピン太守に一回目の降伏勧告状を送って恫喝した翌年に文禄の役を開始している点になぜ言及しないのだろう。当時のわが国は世界最大級の鉄砲保有国であり、スペインといえどもわが国との争いを避けようとしたことを知るべきである。

秀吉軍は、文禄元年（一五九二年）四月十三日に釜山《プサン》攻撃開始後、わずか二十日の五月三日に首都漢城（現在のソウル）を陥落させている。李氏朝鮮の公式記録を読むと、多くの朝鮮民衆が秀吉軍に加勢したり、日本軍が入城する前に王宮を焼き払ったことが記されている。教科書などでは、秀吉軍が「朝鮮民衆の激しい抵抗」にあったとよく解説されるのだが、李氏朝鮮側の記録によれば、民衆の激しい抵抗にあったのはむしろ宣祖王のほうであったのである。

乱民先ヅ掌隷院・刑曹ヲ焚ク。公私奴婢ノ文籍在ル所ヲ以テナリ。又タ内帑庫ニ入リテ金帛ヲ搶掠シ、景福宮・昌徳宮・昌慶宮ヲ焚キ、一モ遺スナシ。（『宣祖修正実録巻二六』宣祖二十五年四月三十日条）

朝鮮出兵の詳細を記すことは本書の目的ではないので割愛するが、秀吉は二度にわたる出兵で、朝鮮軍・明軍を圧倒したのである。しかしながら慶長三年（一五九八年）に秀吉が死亡し、それ以降家康等の有力大名間の権力を巡る対立が顕在化したために、対外戦争を継続できる状況ではなくなり、帰国命令が発せられている。かくして秀吉の計画は成功に至らぬまま秀吉の死によって終結してしまうのだが、日本軍のほうが強かったことは明の公式記録である『明史』を読めばわかる。

関白秀吉が朝鮮に侵入してから前後七年間に、中国と朝鮮の失った士卒は数十万、費やした兵糧は数百万斤にのぼったが、明の朝廷と朝鮮の側には最後まで勝算はなかった。たまたま関白が死んだために、兵乱はようやく収まったのである。

（藤堂明保他訳『倭国伝』講談社学術文庫 p435）

中国の正史である『明史』で、明と朝鮮には「最後まで勝算はなかった」と総括している事実は重要である。なぜなら正史というものは、自国に都合のよいことは誇大に書き、都合の悪いことはあまり記述しない傾向にあるものであるからだ。明・朝鮮連合軍が大敗し、たまたま秀吉が死んだことで戦争が終わったということは、明も認めている真実なのである。

話を本題に戻そう。では、なぜ秀吉は朝鮮に出兵したのであろうか。

前述したとおり、当時の秀吉は、ポルトガルやスペインがキリスト教を布教させて住民を手なずけた後に日本を武力で侵略する考えであることを見抜いていた。また、宣教師たちはわが国よりも先にシナを攻めるべきであると考えていたこともわかっていた。

では秀吉は、そのような情報をどこから入手したのだろうか。そのヒントになる文書として、イエズス会のヴァリニャーノが、一五九七年にイエズス会フィリピン準管区長ライムンド・プラドに宛てた手紙を紹介したい。

（著者註：日本などの）地域の王や領主はすべてフィリピンのスペイン人に対して深い疑惑を抱いており、次のことを知っているからである。即ち、彼等は征服者であって、ペルー、ヌエバ・エスパーニャを奪取し、また近年フィリピンを征服し、日々附近の地方を征服しつつあり、しかもシナと日本の征服を望んでいる。そして近くの国々にいろいろな襲撃を仕かけており、何年か以前にボルネオに対し、また今から二年前にカンボジャに対して攻撃を加えた。少し前に彼等はモルッカ諸島を征服するための大艦隊を有していた。（中略）日本人やシナ人も、それを実行しているスペイン人と同様にその凡てを知っている。なぜなら毎年日本人やシナ人の船がマニラを往き来しており、見聞したことを語っているからである。このようなわけで、これらの国民は皆非常に疑い深くなっており、同じ理由から、フィリピンより自国に渡来する修道士に対しても疑惑を抱き、修道士はスペイン兵を導入するための間者として渡来していると思っている。

（『キリシタン時代の研究』ｐ１３２～１３３）

秀吉だけでなく多くの日本人は商人たちからの情報により、、フィリピンのスペイン人が日本征服の野望を懐いているとの疑念を持ち、修道士はそのために送り込まれたスパイだと認識していることをヴァリニャーノはプラドに警告しているわけである。

おそらく秀吉は、次のように考えたのではないか。

もし明がスペインに征服されれば、朝鮮半島をスペインが支配することは時間の問題であり、そうなればスペインは朝鮮半島から最短距離でわが国を攻めることが可能となる。そして大量の食糧や武器弾薬をつぎ込んで大軍団でわが国を攻めてきた場合、一部のキリシタン大名が離反することが想定されるので、そうなればわが国は分裂して内戦が続き、国が危うくなる。

そうならないために、秀吉は朝鮮出兵の前年である天正十九年（一五九一年）に、ゴアのインド副王（ポルトガル）とマニラのフィリピン総督（スペイン）に降伏勧告状を突き付けて、応じなければ明征服のついでに征服するから後悔するな、と恫喝した。そうして、秀吉は実際に朝鮮に出兵をし、先手を打って明・李氏朝鮮を傘下に治め、わが国をスペインやポルトガルの植民地となることから守ろうとした。そう考えるほうがずっと理にかなっていると思うのだ。

秀吉が単なる征服欲から朝鮮に出兵したという解説を何度も聞かされてきたのだが、このような見方は、当時の世界の大きな流れの中で秀吉の政策を見ていない浅薄なものとしか思えない。

サン・フェリペ号事件と日本二十六聖人殉教事件

フィリピンから二度目の使節の一員として派遣されたペドロ・バプチスタらフランシスコ派の宣教師たちは、京都に新しい教会を建てて、一五九四年の十月から堂々と説教を始めている。

秀吉の伴天連追放令が出たのは一五八七年であったが、秀吉は南蛮貿易の実利を重視したので、よほどおおっぴらな布教活動をしない限りは、宣教師たちが日本に留まることを黙認していた。しかし教会を建てたとなると黙っているわけにはいかなくなる。

豊臣政権で朝廷との交渉役や寺社の管理などを任された前田玄以は、そのことを秀吉に報告した。その後、玄以は何度もバプチスタらに布教を中止させようとしたのだが、彼らは一向にそれに応じようとしなかった。

宣教師たちは玄以が次第に干渉しなくなったのを見て、秀吉が黙認するに至ったと勝手に解釈した。そして、マニラの本部に要請してさらに三人の宣教師を増員させ、京都だけではなく大坂と長崎にも教会を建てて信者を急激に増やすことに成功している。

一方、伴天連禁止令以降、おおっぴらな布教活動ができなくなっていたイエズス会は、フランシスコ会の布教活動の拡大を見て喜べるはずがなかった。

イエズス会は、一五八五年にローマ法王が発布したフランシスコ会の日本渡航禁止令を持ち出して抗議したようだが、奈良静馬の前掲書によると、フランシスコ会は「自分達は宗教伝道者として日本に来たのではない。フィリピン太守の使節としてきたのである」と嘯《うそぶ》き、依然としてはばかるところなく布教に従事したので、一五九五年には八千人もの日本人が彼らに洗礼を申し出たのだそうだ。

年が明けて一五九六年に、フィリピンの太守であったダスマリナスが死んで、ドン・フランシスコ・テロ・デ・グズマンが新太守に就任した。新太守は同年の六月十二日にメキシコのアカプルコ港にむけて、サン・フェリペ号を出帆させている。ところがこの船は、東シナ海で台風に遭遇して甚大な被害を受けてしまう。船員たちはメインマストを切り倒し、四百個の積荷を放棄して、なんとか土佐の浦戸沖に辿り着いた。

船長は土佐の長宗我部元親に救助を請い、土佐の船に曳航されて浦戸港に入ったが、元親は漂流船の積載荷物を没収することは日本の法律に定めてあるとして積荷を没収し、船長の返還要求に応じようとはしなかった。

松田毅一氏の著書に、秀吉が土佐に派遣した増田長盛に送った書状が引用されている。

彼らスペイン人は海賊であり、ペルー、ノビスパニア（メキシコ）、フィリピン諸島で行なったように、当（日本）国を奪うために測量を行なう目的をもってきたのである。このことは、このころ、都にいた三名のポルトガル人ほか数名が太閤に知らせたところである。

（松田毅一『秀吉の南蛮外交』新人物往来社　p227〜228）

納得できない船長は二人の修道士らに贈り物を持たせて、大坂に向かって秀吉に直接請願させることにした。ところが、この使者たちが大坂でフィリピンから日本に来ているフランシスコ会の宣教師たちに接触して情報を取ろうとしたところ、それが叶わなかったという。

一行はそこで、フランシスコ会の人たちを介して太閤様と交渉してはならぬ、彼らは太閤様の命により、捕えられ、十字架にかけられようとしていると聞かされた。二十五日（クリスマス）の昼間に、司令官らが多数の兵に護衛されて大坂のフランシスコ会修道院に赴くと、そこではすでにフライ・マルチン・デ・アギルレは、十二人の番卒によって監禁されていた。

（同書　p229）

以上は『サン・フェリーぺ号遭難報告書』が述べている一五九六年十二月二十五日までの経過である。

少し補足すると、『サン・フェリーぺ号遭難報告書』は、サン・フェリぺ号の船長であったマティアス・デ・ランデーチョが記したもので、現在、セビリアのインディアス古文書館に残されている書物である。そしてこの書に書かれている内容は、日本人に広く知られているこの事件の叙述とは随分異なる。

通説では、以下のようになっている。

秀吉が派遣した増田長盛がサン・フェリペ号の船長に対し「どうしてスペインはそんなに多くの国々を征服し得たか」と尋ねたところ、「まず征服せんと欲する国に宗教伝道者を送り、国民がキリスト教に傾いた頃を見計らって今度は軍隊を送り、新しいキリスト教徒をしてこれに援助させるから容易なのだ」と答えた。驚いた増田長盛は秀吉に報告したところ、秀吉はそれを聞いて激怒し、バプチスタらフランシスコ会員とキリスト教徒全員を捕縛して磔《はりつけ》の刑に処するよう命じ、合計二十六人が長崎で磔の刑に処された、というストーリーだ。

しかし、このようなサン・フェリペ号の船長の発言があったという記録は日本側には史料が存在せず、イエズス会がそう主張していたことのようだ。

秀吉が激怒した原因が、サン・フェリペ号船長が放言した内容を増田長盛が伝えた結果であるのか、「都にいた三名のポルトガル人ほか数名」が太閤に讒言《ざんげん》した内容によるのか、その違いは重大である。前者の場合は二十六人のキリスト教徒の処刑に関して、ポルトガル人らの関与はなかったことになる。だが、後者の場合は、二十六人のキリスト教徒の処刑が決定した理由はポルトガル人らの讒言によって、秀吉がサン・フェリペ号の荷物の没収とスペイン人宣教師らの処刑を決めたということになるのだ。

では、「都にいた三名のポルトガル人ほか数名」とは誰であったのか。松田毅一は前掲書の中で、断定することは難しいとしながらも、当時都にいたポルトガル人として秀吉と親交のあったジョアン・ロドリゲス、イタリア人のオルガンティーノらの名前を挙げているが、いずれもイエズス会士である。

同じカトリックの宣教師とはいえ、イエズス会とフランシスコ会は相当仲が悪かったことを理解する必要がある。

そもそもわが国でのキリスト教布教は、ザビエル来日以降イエズス会が独占していたのだが、秀吉の伴天連追放令の発布後、積極的な布教活動ができなくなっていた。その矢先に、フィリピンからスペイン系のフランシスコ会修道士が渡来し、おおっぴらに布教活動を開始した。そのことに、イエズス会は強い不快感を抱いていたようだ。

前掲書によると、ロドリゲスとオルガンティーノは、フランシスコ会が日本に渡来することに反対していた人物なのである。

長崎で処刑された二十六人を調べると、二十人が日本人で、残りの六人はいずれもフィリピンから送られたフランシスコ会の司祭や修道士であることは、もっと注目してよいだろう。

日本二十六聖人殉教事件は、イエズス会がわが国におけるフランシスコ会勢力を弱めるために仕掛けたのではないだろうか。

ところで、二十六人のキリスト教徒の処刑の第一報がフィリピンに届いたのは一五九七年の五月のことであったという。

この時のフィリピンの反応が奈良静馬の著書にこう記されている。

住民はこの報道を受取って非常な悲歎に沈むと共に、秀吉を無道者として大いに憤った。サン・フィリップ号及びその積載荷物は価格百万ペソと見積もられた。比律賓《フィリピン》に帰った船員は日本に於ける葡萄牙人《ポルトガル》は、西班牙人《スペイン》が日本から放逐されることを希望して、彼等に何等の援助も与えなかったと憤慨して語り、又日本に於けるジェスイット僧侶（著者註：イエズス会宣教師）が彼等に対して冷淡であったことを訴えた。又ある者は秀吉をして、フランシスカン僧侶を処刑せんとする決心を固めしめた主な原因は、ジェスイットの僧侶が殊更にフランシスカン僧侶を、悪し様に伝えたためであるとも云った。

（＊『西班牙古文書を通じて見たる日本と比律賓』ｐ１４３）

スペイン人が、イエズス会のことをこのように書いていることは非常に興味深い。

通史などでは、秀吉がキリスト教徒を迫害したというニュアンスで記されているのだが、秀吉をそこまで激怒させたのが、フランシスコ会宣教師を日本から追い出そうとしたイエズス会の工作活動にあったということになると、イエズス会も「日本二十六聖人殉教」に深く関与したことになるのだが、その可能性は決して低くないのである。

西欧には、「サン・フェリペ号事件」と「日本二十六聖人殉教事件」に関する膨大な史料があるそうだが、それらのすべてがポルトガルかスペイン、イエズス会かフランシスコ会かのいずれかの側に立っているという。

わが国では、主にイエズス会・ポルトガルの立場で書かれた史料をもとに叙述されているようなのだが、松田毅一氏の主張しているとおり、この事件については西欧側の史料だけでなく第三者である日本側の史料とも比較して、個々の動かし難い事実を明らかにしていく作業が必要なのだと思う。

イエズス会とフランシスコ会の対立

高瀬弘一郎氏の『キリシタン時代の研究』に、イエズス会東インド管区の巡察師であったアレッサンドロ・ヴァリニャーノが、イエズス会フィリピンの準管区長ライムンド・プラドに書き送った書簡の一節が紹介されている。ここではフィリピンの修道士（フランシスコ会士）は日本に来るなと書かれている。ヴァリニャーノはイタリア人だが、フランシスコ会のようにヨーロッパのやり方を押し通すような手法には批判的であったという。ちなみに、この書簡は長崎で二十六聖人が処刑された日からおよそ九ヵ月後の、一五九七年十一月十九日付で記されたものである。

私は自分の良心の重荷をおろすために、そしてまたフィリピンにおいて真実を知ってもらうために尊師に申し述べたいが、われわれ日本イエズス会やこの日本に関することは別において、一般的に言って、フィリピンの修道士は何人もシナ、日本、及びその他のポルトガルの征服に属する地方において、主への奉仕、霊魂の救済、更には国王陛下への奉仕を願い、それに添った行動をしてはならない。それどころか彼等がそれらの国に行こうとすればするほど、ますます大きな弊害が生じ、その目的を達するのが困難になるであろう。

（『キリシタン時代の研究』p132）

この文章の中にある「シナ、日本、及びその他のポルトガルの征服に属する地方」という言葉は、前章でも述べたとおり、当時においてはスペインやポルトガルに征服されていない国々についても、どちらの国が征服事業に手を付けるかがあらかじめ決められていて、わが国は、中国大陸と同様に、ポルトガルが布教をし、征服する権利を有していたことを示している。

その取り決めにより、日本におけるキリスト教の布教については、ローマ教皇はポルトガルの事業であるとし、ポルトガル国王がイエズス会に布教を許可したのだが、フランシスコ会は、教皇文書を無視してフィリピンから来日し、伴天連追放令が出されて以降積極的な布教活動を自粛していたイエズス会を尻目に三つの教会を相次いで建築し、わが国で本格的な布教活動を開始したのである。

このことにイエズス会が強く反発したのだが、イエズス会とフランシスコ会の対立は、一五八〇年にスペインがポルトガルを併合し、サン・フェリペ号事件および日本二十六聖人殉教事件があった後にはさらに尖鋭化していったようである。

この両派の対立をわかりやすく言うと、日本という国の領土を「ポルトガル国民の征服に属する地域とするのか、スペインにも一部地域の征服を認めるのか」、あるいは「イエズス会のみが布教をするのか、スペイン系のフランシスコ会の布教をも認めるのか」という対立である。

アウグスチノ会所属のポルトガル人、フライ・マヌエル・デ・ラ・マードレ・ディオスは、日本二十六聖人殉教事件が起こった年である一五九七年に、次のように書いてイエズス会を擁護している。


昨年司教ドン・ペテロ・マルティンスは、上述の跣足修道会遣外管区長［一五九三年に来日、一五九七年二月に殉教した二十六聖人の一人フランシスコ会士フライ・ペドロ・バウティスタのこと――原本引用者］に書送り、全く友好的且つ敬虔な表現で、日本において原住民改宗のために聖福音を説く聖務は、教皇聖下の大勅書、ことに教皇グレゴリウス十三世の大勅書［小勅書の誤か――原本引用者］、及びポルトガル国王の勅命によってイエズス会のポルトガル人パードレ（著者註：神父、司祭のこと）に指定されているので、この聖務を行うことを尊師に許可するわけにはゆかないという点を了解してもらいたい。というのは、それは教皇聖下の命令にそむき、教皇や権威ある地理学者達がポルトガルとカスティーリャ（著者註：スペイン）の両王位の間で二分した征服の全体的な分割を侵すことに外ならないからである、と懇願した。

（同書　p5～6）

しかしながら、一五二九年のサラゴサ条約で決められた、アジアにおける両国の権益の境界線（デマルカシオン）の地図によると、スペインが一五七一年に征服したフィリピンは「ポルトガル国民の征服に属する地域」に入っているし、アレッサンドロ・ヴァリニャーノの書状では、ボルネオやカンボジアにも近年攻撃を加えており、日本と中国も狙っている趣旨のことが書かれている。なぜスペインはサラゴサ条約で定められたルールを無視したのであろうか。

理由はいろいろあるのだろうが、貿易上のメリットという観点から考察すると、スペインの西回りのルート上の国々よりも、中国やインドや日本との交易が可能なポルトガルの東回りのルートのほうが、はるかにメリットが大きかったからである。だからスペインは再三にわたり、日本や中国がポルトガルのデマルカシオンに入る教皇文書を取り消させようとし、同時に、教皇文書を無視してフィリピンを足場に日本や中国との貿易を開始し、布教をも敢行してきたのである。

ポルトガル商人からすれば、もしスペインを放置していたら、日本貿易に対する依存度の高いポルトガル領マカオに甚大な打撃を与えることになる。そのために、イエズス会士やポルトガル植民地関係者が大反対したのだが、当時の文書を読むと、この対立関係はかなり根深いものがありそうである。

例えば、一五九七年にマカオのイエズス会士からゴアのインド副王に宛てた書状に、このようなものがある。

　イエズス会士でない修道士が日本に渡ることを禁じた教皇聖下の小勅書に反し、また世俗の者であれ修道士であれカスティーリャの征服の地からポルトガルの征服の地に赴くことを禁じた国王陛下の勅令を犯すものである。教皇聖下は修道士であれ世俗の者であれカスティーリャ人に対してはこの門戸を鎖し、もう決して彼らが日本およびそれに隣接したすべての島、シナの全海岸、それに向い合うフェルモサ島に入国することがないようにしなければならない。（中略）

そして次のように厳罰を以てルソンの総督に命じてもらいたい旨このインド領国の名で国王陛下に要請しなければならないと思う。（同書　p26）

秀吉の死後スペイン出身の宣教師が策定した日本征服計画

この時代の宣教師の書簡を読んでいると、わが国の布教を推進するために、わが国を武力で征服すべきだという内容のものが少なくないことに驚く。

マニラ司教のサラサールやイエズス会の日本布教長フランシスコ・カブラルが、わが国のキリシタン大名を使ってまず明を攻めることをスペイン国王に提案したことは前章で述べたが、一五九九年二月二十五日付けでスペイン出身のペドロ・デ・ラ・クルスがイエズス会総会長に宛てた書簡には、日本の布教を成功させるために、日本を武力征服すべきであるとする、かなり詳細なレポートが記されている。一部を紹介したい。

クルスは、わが国をこう攻めるべきだと進言している。

(1) 第一、日本人は海軍力が非常に弱く、兵器が不足している。そこでもしも国王陛下が決意されるなら、わが軍は大挙してこの国を襲うことが出来よう。この地は島国なので、主としてその内の一島、即ち下又は四国を包囲することは容易であろう。そして敵対する者に対して海上を制して行動の自由を奪い、さらに塩田その他日本人の生存を不可能にするようなものを奪うことも出来るであろう。

(2) 第二、隣接する領主のことを恐れているすべての領主は、自衛のために簡単によろこんで陛下と連合するであろう。（中略）

(3) 第三、金銭的に非常に貧しい日本人に対しては、彼等をたすけ、これを友とするのに僅かのものを与えれば充分である。わが国民の間では僅かなものであっても、彼等の領国にとっては大いに役立つ。（中略）

(6) 第五《ママ》、われわれがこの地で何らかの実権をにぎり、日本人をしてわれわれに連合させるための独特な手立てがある。即ち、陛下がポルトガル人のナウ船のカピタンと士官達に対して、われわれに敵対する殿達や、その家臣でわれわれに敵対する者、あるいは自領にパードレを迎えたり改宗を許したりしようとしない者には、貿易に参加させないように命ずることである。

（同書　p140～142）

このようにして、キリスト教を受け入れた領主だけを支援し、貿易のメリットを与えることによって日本国を分裂させれば、九州や四国は容易に奪えるとしている。少なくとも当時の九州には、有馬晴信、大村喜前、黒田長政、小西行長など有力なキリシタン大名が大勢いたことを考えると、それは充分可能であっただろう。

次に、攻撃をする正当な理由はどこにあったかというと、サン・フェリペ号の荷物没収とフランシスコ会士とその使者を殺害（日本二十六聖人殉教事件）したことで充分だという。

ではどうやって勝利するのか。そのためには軍事拠点が不可欠だが、クルスはその港まで指定している。三十八年後に島原の乱が起きた場所が指定されている点に注目したい。

このような軍隊を送る以前に、誰かキリスト教徒の領主と協定を結び、その領内の港を艦隊の基地に使用出来るようにする。このためには、天草島、即ち志岐が非常に適している。なぜならその島は小さく、軽快な船でそこを取囲んで守るのが容易であり、また艦隊の航海にとって格好な位置にある、等々。　（同書　ｐ１４４）

さらにクルスは、どこかの港（薩摩、四国、関東）に、スペインの都市を建設し、スペイン国王が絶対的な支配権を確立することを述べた後、シナを武力征服しない限り、シナを改宗させることはできないとし、その武力と武器の調達は、安価でそれが可能な日本で行う以外はあり得ないと書いている。彼等は、キリシタン大名を使って、シナを攻めようと考えていたようである。

また、ポルトガル人も都市を建設し基地を作るべきであるとし、小西行長が志岐の港を宣教師に提供することは間違いがないとまで記している。もしスペインが基地の取得に失敗したとしても、ポルトガルならば、従来の経緯から容易にそれが可能だとする意見を述べている。

その上で、最後にわが国の領土をスペインとポルトガルにどう分割するかということまで触れている。

日本の分割は次のようにするのが良い。即ちポルトガル人はこの下（例えば上述の志岐又は他の適当な港）に基地をえ、一方スペイン人の方はヌエバ・エスパーニャに渡ったり、フィリピンを発ったナウ船が寄港したりするのに適した四国又は関東といったもっと西《ママ》の地域に基地を置くとよい。（中略）教皇アレキサンデル六世が行った分割において、その「東方」と「西方」のいずれに日本が属するかについて意見が分かれている。（中略）このような分割が行われたのは、両国が互に協力し合って布教等を行うためのものであった。まして同一国王のもとにあるなら尚更それは当然のことである。

（同書　p154）

ペドロ・デ・ラ・クルスが指摘したような、まず良港を手に入れて軍事と貿易の拠点とし、布教を進めて領土を拡大する手法は、スペインやポルトガルが世界の植民地化を進めてきた常套手段ではなかったか。

彼らが目の敵にしていた豊臣秀吉が死去したのが慶長三年（一五九八年）で、クルスの書簡はその翌年に記されたものである。侵略する側の視点に立てば、絶好のタイミングでこの書簡が記されたと言ってよい。

もし、関ヶ原の戦い以前にスペインがわが国に攻撃を仕掛けたとしたら、果たしてわが国は一枚岩で戦うことが可能であっただろうか。

秀吉の遺児・秀頼は比較的キリスト教に寛容なところがあり、もし豊臣家がキリシタン大名と共にスペインの支援を得て徳川連合軍と戦っていたら、徳川の時代はなかったかもしれないし、わが国の一部がスペインの植民地になっていてもおかしくなかっただろう。もしわが国がスペインの勢力を撥ね退けることができたとしても、相当な犠牲が避けられず、国力を消耗していたことは確実だ。

わが国の政局がきわめて不安定であった時期に、サン・フェリペ号事件と日本二十六聖人殉教事件が起こり、スペインにとってはわが国に対する復讐としてわが国を攻撃する絶好機であった。スペインの宣教師たちも再三そのことを催促していたにもかかわらず、スペインが攻めてこなかったことはわが国にとって幸運なことであった。一方、スペインの背景を調べると、当時スペインはそれどころではないお家の事情があったことが見えてくる。

この時期にスペインは地中海全域で戦火を交え、国内ではオランダやポルトガルが独立のために反乱を起こしていたのだ。

ネーデルランドの反乱（八十年戦争）（一五六八〜一六四八年）、オスマン帝国との衝突（レパントの海戦、一五七一年）、英西戦争（一五八五〜一六〇四年）、モリスコ追放（一六〇九年）、三十年戦争（一六一八〜一六四八年）、フランス・スペイン戦争（一六三五〜一六五九年）、ポルトガル王政復古運動（一六四〇年）等々。

これだけ国内外で戦っていては軍事資金の調達も厳しかったはずだし、そのための増税や兵役に対する不満が各地で反乱の種となる。スペインが遠方のわが国に軍隊を派遣する余裕などは到底なかったであろう。

サン・フェリペ号事件や日本二十六聖人殉教事件における、イエズス会・ポルトガル、フランシスコ会・スペインの対立も、ポルトガル勢力がスペイン勢力に対して反発を強めていった大きな流れの中で捉えるべきなのだろう。

宣教師やキリシタン大名にとっての関ヶ原の戦い

わが国に滞在していた宣教師たちは、天敵とも言うべき秀吉の死を、日本に再びキリスト教を広める好機だと捉えて、布教活動を活発化させたことが記録に残されている。五大老の筆頭であった徳川家康は、当時はキリスト教に比較的寛容であったことから、秀吉が出した伴天連追放令は有って無きがごとくのようだったという。

フランスの日本史家のレオン・パジェスは一五九八～一五九九年の情勢をこう述べている。

家康は政治的の見地から、異国との通商をかち得んがために、決して無愛想にはしなかった。政策や一般の取締を変更したり、太閤様の遺命を正式に蹂躙した事が際立たないように（不安のためには、圧制的のクーデターさえ辞さなかった）、彼は、正式に認可を与えた訳ではないが、宗教上の事には故意に目をつぶった。そこで京都の附近のキリシタンは、自由になったものと考えて、或は天主堂を復興したり、或《あるい》は公然儀式を行った。

（レオン・パジェス著、吉田小五郎訳『日本切支丹宗門史 上巻』岩波文庫　p25）

このように家康は海外貿易の利権を重んじたために、当初はキリスト教に対して寛大であり、その当然の帰結として、この時期にキリスト教信者が各地で激増したという。

当時、帝国全土宗門は目覚ましい勢で拡がりつつあった。数多の宣教師達は、秘かに旧の伝道所に帰っていた。有馬や大村の領内には天主堂が再興され、各所に新しい信者の団体が出来た。一五九九年の二月から九月までの八箇月間に、約四万人の未信者が洗礼を受けた。

（同書　p29）

そして関ヶ原の戦いが起こった慶長五年（一六〇〇年）の頃の情勢について、パジェスはこう記している。

当時、日本にはイエズス会の司祭・修士合せて百九人あり、中十四人は本年到着し

郵便はがき

料金受取人払郵便

新宿局承認

3971

差出有効期間
2022年7月
31日まで
(切手不要)

1 6 0-8 7 9 1

1 4 1

東京都新宿区新宿1－10－1

(株)文芸社

愛読者カード係 行

お名前《ふりがな》			明治 大正 昭和 平成	年生　歳
ご住所《ふりがな》	□□□-□□□□			性別 男・女
お電話番号	(書籍ご注文の際に必要です)	ご職業		
E-mail				
ご購読雑誌(複数可)		ご購読新聞		新聞

最近読んでおもしろかった本や今後、とりあげてほしいテーマをお教えください。

ご自分の研究成果や経験、お考え等を出版してみたいというお気持ちはありますか。

ある　ない　内容・テーマ(　　　　)

現在完成した作品をお持ちですか。

ある　ない　ジャンル・原稿量(　　　　)

書　名				
お買上 書　店	都道 府県	市区 郡	書店名	書店
			ご購入日	年　月　日

本書をどこでお知りになりましたか?

1.書店店頭　2.知人にすすめられて　3.インターネット(サイト名　　　)

4.DMハガキ　5.広告、記事を見て(新聞、雑誌名　　　)

上の質問に関連して、ご購入の決め手となったのは?

1.タイトル　2.著者　3.内容　4.カバーデザイン　5.帯

その他ご自由にお書きください。

(　　　)

本書についてのご意見、ご感想をお聞かせください。

①内容について

②カバー、タイトル、帯について

弊社Webサイトからもご意見、ご感想をお寄せいただけます。

ご協力ありがとうございました。

※お寄せいただいたご意見、ご感想は新聞広告等で匿名にて使わせていただくことがあります。

※お客様の個人情報は、小社からの連絡のみに使用します。社外に提供することは一切ありません。

た者であった。彼等は三十箇所の駐在所、又伝道所に分散していたが、中六箇所が主要なるものであった。彼等の肝煎で五十箇所の天主堂が再建され、五万人の新しいキリシタンが洗礼を受けた。

（同書　p37）

秀吉の死後にキリスト教が急速に広まり、九州を中心に多くの駐在所・伝道所が建設されたのだが、この年には大坂にさらに駐在所が二ヵ所でき、京都にも天主堂と駐在所ができたという。また京都に近い各地からも宣教師の要望があったが、新たに派遣する余裕がなかったために、京都、大坂の宣教師を訪問させたことなどが記されている。

このように順調に布教活動が進んでいる最中に関ヶ原の戦いが起きている。

この戦いの結果次第で今後のキリスト教の布教に大きな影響が出ることは確実な情勢であり、キリシタン大名たちは、徳川家康を総大将とする東軍につくか、毛利輝元を総大将とし石田三成を中心とする西軍につくか、あるいは中立の立場を取るか、相当迷ったはずである。

歴史の教科書などでは「キリシタン大名」といえば、大友宗麟、有馬晴信、大村純忠、高山右近ぐらいしか名前が出てこないのだが、山本秀煌『日本基督教史 上巻』に、当時のキリシタン大名がこの関ヶ原の戦いにどちらの側についたかがまとめられているので引用しておく。

西軍に属せる者。藩翰譜、三河風土記、切支丹大名記による。

美濃岐阜の城主、織田秀信。信長の嫡孫三法師
肥後宇土の城主、小西行長。関ヶ原にて奮闘
丹波福知山の城主、小野木縫殿。丹後田邊の城を囲み細川藤孝を攻む
筑後久留米の城主、毛利秀包。輝元の叔父、大津に京極高次を攻む
筑後山下の城主、筑紫廣門。大津を囲み、京極高次を攻む
対馬列島の領主、宗　義智。その陣代柳川某伏見攻撃に加わる
阿波徳島の城主、蜂須賀家政。その子至鎮東軍に従う
豊後佐伯の領主、毛利高政。本姓森大坂城に在りて濱の櫓を守る
元の府内の領主、大友義統。九州豊後に至り故旧を集めて東軍と戦う

東軍に属せる者、

近江大津の城主、　京極高次。　大津城を守るのち開城
信州高遠の城主、　京極高知。　関ヶ原にて奮闘す
伊賀上野の城主、　筒井定次。　同上
豊前中津の城主、　黒田長政。　同上
同　長政の父、　黒田孝高。　九州において西軍に属する諸城を降す
下野宇都宮の城主、　浦生秀行。　居城において上杉に当たる
田邊の城主忠興の嗣子、　細川忠隆。　関ヶ原において奮闘す
丹後峰山の城主、　細川興元。　上杉軍を牽制するの任に当たる
陸奥弘前の城主、　津軽為信。　関ヶ原にて奮闘す
肥前唐津の城主、　寺澤廣高。
日向飫肥の城主、　伊東祐岳。　九州において島津氏を撃つ
中立の態度を取りし者

丹波篠山の城主、　前田玄以。　その長子右近秀以は西軍に属せしと言う
肥前大村の城主、　大村喜前。　本国にあり

肥前有馬の城主、　有馬晴信。　本国にあり
若狭小浜の城主、　木下勝俊。　本国にあり
五島宇久の城主、　五島純玄。　その伯父玄雅なりという説あり。

以上列挙するところによって観れば東軍に組せる切支丹大名は其の数に於ても戦闘力に於ても遥かに西軍にぞくせるそれに勝っていた。されば之れを以て禁教令の遠因となすのは根拠なき妄説と云わざるべからず、而して西軍敗戦の結果、織田秀信、毛利秀包、筑紫廣門、木下勝俊は改易若くは遠流、大友義統は死一等を減じて常陸へ流され、小西行長、小野木縫殿は梟首せられた。

（＊山本秀煌『日本基督教史 上巻』ｐ４０５〜４０７）

宣教師たちは、キリシタン大名が東軍につくにせよ、西軍につくにせよ、どちらかが敗れることによって、敗れた側のキリスト教布教の基盤の多くを失ってしまう可能性がある一方、勝利した側には加増されることぐらいのことはわかっていただろう。どちらが勝利するかわからない場合は、一方に偏り過ぎずリスク分散を図るのが鉄則だと思うのだが、

関ヶ原の戦いでキリシタン大名が見事に三つのグループに分散したことは、偶然であったのか、それとも宣教師たちの関与があったのかはよくわからない。

この戦いにおいて東軍を率いて勝利した徳川家康は、西軍に加わった大名に対し徹底的に厳しい処分を下している。改易（領地を取り上げる）、転封（国替――領地を他に移す）という方法で、西軍大名の全員から取り上げた領地はおよそ九十家、五百九十万石にも及んだという。

例えば毛利輝元は大坂城にとどまり、関ヶ原の戦いには加わらなかったのだが、それでも八ヵ国・百二十万石の領地の大部分が取り上げられ、長門・周防の二ヵ国・三十六万石に減らされている。

西軍に加わったキリシタン大名については先の『日本基督教史 上巻』に記されているとおりだが、中でも小西行長の運命は、武将としては悲惨なものであったようだ。

関ヶ原の役、西方総敗軍の日、行長の兵も亦潰ゆ。行長遁れて伊吹山中に匿る。人あり此の落武者こそは西軍に其の人ありと知られたる小西行長の成れの果であると聞き、小西殿とは異国、本朝に名を轟したる名将ではないか、勝負は時の運で負けたりとて恥ずべきではない。然るに、何故是の場合いさぎよく自殺せずして、かく見苦しき様にておはするぞという、行長聞きて我年頃耶蘇の門徒にて天主の教を尊信するのであるが、此の宗は自殺を重く戒むるを以てかくながらえて居るのだが如何にせん四面皆敵に塞がるれば逃げ行く方もなし、いざ速に我に縄かけて領主に引渡し玉えとて、基督の教に悖って自殺するよりも基督教のためには寧ろ甘んじて武士にあるまじき恥辱をも受けんと決心して、捕虜となったのはいと憫なる次第である。

（＊同書　ｐ４１３）

自殺を戒めるキリスト教を奉ずるがゆえに切腹できず、捕えられた行長は市中引き回しののち京都の六条河原において三成・安国寺《あんこくじ》恵瓊《えけい》と共に斬首され、そして、徳川方によって首を三条大橋に晒された。

では行長の家族や家臣たちはどうなったのか。引き続き同書の文章を引用したい。

関ヶ原の敗報至るや、家臣等之れ（著者註：行長の子）を広島に送り毛利氏に寄托して之れが保護を乞うた。然るに、毛利輝元は身西軍の総大将として十二州の大兵を擁し大坂城に在りながら、上方勢破るると聞くや、狼狽為すなく、一戦をも交えずして、直に家康に降参し、其の領地広島に退いて、恭順の意を表し、戦慄恐懼措くあたわずと云った風で只管《ひたすら》意を用いて家康の恩命に接せんことを嘆願しつつあった折だから、家康の意を迎うるに急にして、行長に対する信義を顧みるの遑《いとま》なく、卑劣にも行長の遺孤（著者註：子供）を欺き、之れを安全の地に移すと声言して、広島をつれ出し、家臣をして道にて之を殺害せしめた。そうして其の首を家康に献じた。

（＊同書　ｐ４１６）

一方東軍に加わったキリシタン大名は、家康からその功を賞せられ、例えば黒田長政父子は豊前中津十八万石から筑前五十二万五千石と大幅に増封され、以後福岡を居城として小西行長に代わりキリスト教の保護に努めた。また浅野幸長、寺沢広高、京極高次、京極高知も増封されている。

では、関ヶ原で中立の態度をとったキリシタン大名はどうなったのかというと、有馬晴信と大村喜前が、同じキリシタン大名である小西行長の居城を、関ヶ原の戦いの直後に攻撃したことが幸いして本領を安堵されている。

キリスト教宣教師たちにとっては、関ヶ原の戦いで布教基盤の多くを失ってしまう可能性があったのだが、キリシタン大名が東軍、西軍、中立派にうまく勢力が分かれた上に、中立派を装っていた大名も本領を安堵され、結果として大きなダメージを受けずにすんだのである。

彼らは、天下分け目の戦いの後でも、九州地域におけるキリスト教が優勢な状況を維持することができたのだが、このような彼らにとって望ましい状況が、多くのキリシタン大名がそれぞれの判断で行動した結果なのだとすると、少々でき過ぎた感がしないでもない。

もしかすると、彼ら宣教師の中にこのような結果を生むための戦略を練った知恵者がいて、キリシタン大名の何人かはその指示に従って動いたということではなかったのだろうか。

第4章

徳川家康・秀忠・家光はキリスト教とどう向き合ったか

「徳川家光肖像」（金山寺蔵）

日本人奴隷の流出は徳川時代に入っても続いていた

実は、秀吉の伴天連追放令の後も、日本人が奴隷として売買される時代が長く続いている。

前述したとおり、日本イエズス会からの要請を受けて一五七一年のポルトガル王セバスティアン一世は「日本人奴隷取引禁止令」を出していたのだが、東南アジアに暮らすポルトガル人は、国王の禁令はわれわれに致命的な打撃を与えると抗議し、奴隷を買ったのは善意の契約であり、正義にも神の掟にも人間界の法則にも違反しないと主張して、この勅令は無視されていたという。

一六〇四年にインドのゴアからポルトガル国王フェリペ二世に宛てた書簡を読むと、当時ゴアのポルトガル人が日本人奴隷禁止令に反対した理由が見えてくる。

この〔インディア〕領国は彼ら〔日本人奴隷〕で充ち溢れている。彼らは彼らの主人の囚われ人として、それ〔領国〕の守りにつく用意が出来ている。というのはポルトガル人たちは、この島の最も小さな小砦を満たすのにも足らず、戦争が起こったら、一人のポルトガル人が鉄砲を持った五～六人の従者を従えて任務につくが、この〔日本〕国民は好戦的であるから、それは尚更強力である。

彼らを自由にしておけば、われわれが直面する敵たちと結託して、この地をわが物にし、われわれを皆殺しにすること疑いなしである。というのは、彼らはわれわれ以上の人数に上り、無数だからである。

（高瀬弘一郎訳註『大航海時代の日本 ポルトガル公文書に見る』八木書店 p591）

インドはポルトガルの植民地であり、軍事拠点には多くの兵士を必要とした。特にゴアには大きな要塞があり、その防衛のために日本人奴隷が用いられていたのである。この書簡で明らかなように、ゴアではポルトガル人より日本人奴隷のほうがはるかに多く、植民地の治安維持には不可欠の存在であったのだが、日本人奴隷を自由にしてしまうと、ポルトガル人が簡単に滅ぼされてしまうと考えていたのである。

日本人奴隷を兵士として用いたのは、スペイン人も同様であった。
一六〇三年にフィリピンにおける支那人の反乱の動きを察知して、スペイン人数名が日本人傭兵四百人を引き連れ、フィリピンにおける支那人一千五百人以上の暴動の鎮圧に成功したのち、本格的な支那人討伐を開始している。

スペイン人は、この討伐戦で日本人の剛毅沈着、勇敢無比であることを実際に見て、日本兵を信頼することいよいよ厚く、太守および軍事参議会においては、さらに支那人攻撃の手配を定め、同年十月七日朝八時から九時までの間に、おのおの鉄砲を持った百五十名のスペイン兵と、総数五百の日本人をガリナトという者に指揮させて出発し、非常な勢いを以て進撃した。スペイン人はなかなか狡猾で、先鋒にはすべて日本人を配し、自分らは殿軍《しんがり》となって敵陣営に乗り込み、支那人五百人を殺したほか多数を傷つけ、彼等の軍旗を奪い取った。（中略、著者註：最終的にスペインが勝利し）スペイン人はこの時の日本人の勇敢にして、冷静沈着なる戦闘ぶりを見ていたく感心した。何分この頃は秀吉の朝鮮征伐が終わってからほんの間もない頃で、日本国民の気象はいやが上にも尚武の気を以て固められていた頃であるから、スペイン人が支那人討伐に日本人を傭うたことは、よほど考えたやり方であったのである。

（＊『西班牙古文書を通じて見たる日本と比律賓』Ｐ１６９〜１７０）

しかしながら、マニラにおいても日本人のほうがスペイン人よりも圧倒的に人数が多くかつ勇猛であったので、日本人が結束して反乱を起こすことをスペイン人が次第に警戒することとなり、一六〇六年には日本人をマニラから放逐している。

また、シャム（タイ）やカンボジアにおいても、軍事力強化のために日本人奴隷のニーズが高かったという。

シャムでは国王家を中心に日本人武士を傭兵として用いる強いニーズがあり、アユタヤでは日本人がソンタム国王の護衛兵を務めていて、のちに山田長政は日本人義勇兵を指揮し、シャム国の内戦や隣国との紛争の鎮圧で頭角を現し、特に元和七年（一六二一年）には、スペイン艦隊の二度にわたるアユタヤ侵攻を退けた功績を挙げたことで有名である。

家康がキリスト教を警戒し始めた経緯

第3章で家康は海外貿易の利権を重んじたために、当初はキリスト教に対して寛大であり、そのためにキリスト教信者が各地で激増したことを書いた。しかしながら家康は、キリスト教を信仰していたわけでもなく、どちらかといえば警戒を緩めてはいなかった。

慶長五年（一六〇〇年）の三月に、豊後国の臼杵にオランダ船・リーフデ号が漂着している。

その船は五隻からなる船団を組んで、一五九八年にロッテルダムから出航しインドに向かったのだが、悪天候のために他の船と離れてしまった。そして漂流しているうちに、二十二ヵ月もの航海でようやくわが国に漂着したのである。出航時には百十人も乗り込んだ船だったが、漂着時には生存者はわずか二十四名だったという。その中にイギリス人のウィリアム・アダムス（日本名：三浦按針《あんじん》）とオランダ人のヤン・ヨーステン（日本名：耶《や》楊子《ようす》）という人物がいて、家康はこの二人をのちに江戸幕府の外交顧問として取り立てることになる。

ところで、このオランダ船・リーフデ号の漂着をポルトガル人やスペイン人は喜ばなかった。彼等は、乗船していたオランダ人やイギリス人の処刑を要求したのだそうだが、家康はウィリアム・アダムスらを大坂に招いて西洋諸国の事情を問いただしている。

徳富蘇峰の著書に、家康とアダムスとのやり取りの場面を記した「アダムス書簡」が引用されている。

大君（著者註：家康）は更にポルトガル、スペインが、オランダと敵視する理由と、其の戦争の模様とを尋ねた。予（著者註：アダムス）は一々明細に答えたが、大君は頗る満足の様子であった。（中略）予等は牢にある三十余日、もとより十字架上の刑を予期した。何となれば、ポルトガルの耶蘇会徒等は、予等を誣《し》いて盗賊となし、予等を誅戮《ちゅうりく》せば、オランダ人も、イギリス人も、再び大君の威に恐れて、日本に来ることなかるべし、と讒訴《ざんそ》したからだ。

しかも大君はこれを斥けた。オランダ人やイギリス人は、汝等の敵であるも、日本人には何等の損害を与えたことがない。汝等の敵国人であるからとて、日本の大君は、之を殺すべき理由はない。

（＊『近世日本国民史 第13 家康時代 下巻 家康時代概観』民友社、昭和10年　ｐ２６７）

徳川家康がアダムスに対し、ポルトガルやスペインがオランダを敵視する理由を尋ねたということは、ポルトガル、スペインとオランダが敵対関係にあることを敏感に感じ取っていたのだろう。

大正五年に出版された川島元次郎の著書では、家康がアダムスらを登用した背景をこう解説している。

（著者註：家康は）リーフデ号乗組の蘭英（著者註：オランダ・イギリス）人は、早くわが国において通商および宗教上に侮るべからざる勢力を有する葡西（著者註：ポルトガル・スペイン）両国人の讐敵にして、二者相容るべからざる関係に立てるを洞察し、葡西人牽制の政策上、この新来の外人を厚遇するの利なるを看破したりけん、

（＊『徳川初期の海外貿易家』朝日新聞合資会社　ｐ３５３）

すなわち家康は、アダムスらを優遇することが、スペイン・ポルトガルを牽制すること

につながると考えたわけだが、さすがに戦国時代を勝ち抜いた人物だけあって、人の使い方が見事である。

家康はアダムスに大型船の建造を命じ、のちに二百五十石の旗本に取り立てて帯刀を許したのみならず、相模国逸見《へみ》に領地と、従僕として八、九十人の百姓を与えたという。

そして家康は、リーフデ号の高級船員であったヤン・ヨーステンも厚遇した。彼らの協力を得て江戸幕府とオランダとの交易が開始され、後にイギリスとも交易が始まることとなった。

家康の時代には日本人が盛んに南方の各地に往来するようになり、外国の船もわが国に訪れて、外国貿易が一層盛んに行われるようになる。

だが、慶長十四年（一六〇九年）、肥前日野江藩（後の島原藩）主、有馬晴信の朱印船の乗組員がマカオに寄港した折、ポルトガル船マードレ・デ・デウス号の船員と取引を巡って騒擾事件が起こり、マカオ総司令アンドレ・ペソアが鎮圧に動いた際に、晴信側の家臣と水夫ら約六十人が殺されるという事件があった（マカオの朱印船騒擾事件）。

これに怒った有馬晴信は徳川家康に仇討の許可を求めていたのだが、そんな中、アンドレ・ペソアがそのマードレ・デ・デウス号に乗って長崎に入港したため、晴信は多数の軍船でこの船を攻撃し、デウス号の船長は船員を逃して船を爆沈させたという（マードレ・デ・デウス号事件）。

その後有馬晴信は、デウス号撃沈の功績による旧領（当時鍋島領）回復を試みたがなかなか実現しないために、老中本多正純に与力として仕えていたキリシタンの岡本大八に接近。大八は家康の偽の朱印状まで周到に用意し、自分が老中の仲介役となるための資金を無心したという。

しかし、結果として晴信は、六千両もの金銭を大八に騙し取られてしまう（岡本大八事件）。

その後、大八の犯罪は露見し、慶長十七年（一六一二年）三月二十一日に安倍河原で火刑に処せられた。この同日に江戸幕府は公的に幕府直轄地に対してキリスト教の禁教令を布告し、大名に棄教を迫っている。そして翌慶長十八年（一六一三年）二月十九日には、禁教令を全国に拡大し、家康は金地院崇伝に『伴天連追放之文』を起草させている。原文は漢文だが、徳富蘇峰の前掲書にその訳文が出ており一部を紹介する。

かの伴天連の徒党は、みな件《くだん》の政令に反し、神道を嫌疑し、正法を誹謗し、義を残《そこな》い善を損す。刑人あるを見れば、載《すなわ》ち欣《よろこ》び載《すなわ》ち奔《はし》る。自ら拝し自ら礼し、これをもって宗の本懐となす。邪法にあらずして何ぞや。実に神敵仏敵なり。急に禁ぜざれば、後世必ず国家の患《うれい》あらん。ことに号令を司りこれを制せざれば、却って天譴《てんけん》を蒙《こうむ》らん。

（＊『近世日本国民史 第14 徳川幕府上期 上巻 鎖国篇』民友社、昭和10年 p123）

家康が突如キリスト教を禁じた理由は、通説では、岡本大八のようなキリシタンが幕府の中枢近くにいることに驚いたからだというものだが、なぜ一人の収賄事件でキリスト教を全面禁止とし、主要なキリシタンを国外追放することにまで発展したのだろうか。

レオン・パジェスはこの背景について、次のように解説している。文中の「内府様」は家康のことである。

イギリス人とオランダ人とはウィリアム・アダムスを介して、異国の宣教師は、別に望みもせず、又気にかけてもいない人々に、架空的の救済をもたらすために、世界の果てから来たというが、その土地の人大勢に洗礼を施した後、自国の軍旗を掲げ、帝国を乗っ取ろうとする征服者の先鋒だというのであった。又ごく最近、イスパニアの大使が沿岸を仔細に測量したが、これは敵対の準備行動であるともアダムスは言っていた。イスパニアは、こういう手段でフィリピン諸島、モルッカ諸島、ならびに東西の両インドを次々と侵略し、征服してきたのであった。そうしてイギリス人やオランダ人の異教徒は、カトリックの宣教師が西洋諸国のうち若干の国では禁止されていると付け加えることを忘れなかった。内府様は、ある時、次の如く叫んだ。「もしヨーロッパ諸国の君主がこの伴天連どもを容赦しないとすれば、危害は加えないが、予もまた容赦しない。」と。

（『日本切支丹宗門史 上巻』 p３２７〜３２８）

少し補足すると、スペイン・ポルトガルはともにカトリック国で、オランダ・イギリスはともにプロテスタント国である。後者は布教にこだわらずに貿易で家康に接近し、さらにスペイン・ポルトガルは世界各地で侵略行為を繰り返し、日本征服を企んでいることを家康に訴えた。アダムスだけでなく幕臣からも同様の進言があり、家康は次第にスペイン・ポルトガルにに対する警戒心を強めることとなり、キリスト教に対する政策を急変させることとなる。

家康の時代のキリスト教弾圧

家康によって禁教令が出されたものの、キリシタンに寛容な領主が少なからずいたために、この禁令は全国で徹底されたわけではなく、たとえば大坂の教会は豊臣秀頼によって保護されていた。

そこで徳川幕府は、慶長十八年(一六一三年)十二月に京都、伏見、大坂、堺のキリスト教信徒(外国人、日本人)の名簿の作成を命じ、宣教師たちを長崎に追放し、信者に棄教を迫ることとなる。そのため、著名なキリシタン大名であった高山右近や内藤如安《じょあん》は、翌年に家族とともにフィリピンに追放され、棄教に応じない信者には厳しい拷問が行われた記録が残されている。

山本秀煌『日本基督教史 下巻』に、家康の時代のキリシタン迫害の事例がいくつか出ているが、京都の事例を紹介したい。

京都の松原一帯の地方は切支丹信者の淵藪であって切支丹町と称した。迫害の苛酷であったのもまたこの街が最も甚だしかったのである。忠隣（著者註：切支丹奉行大久保忠隣《ただちか》）はこの地の男子を悉く駆逐してのちその妻子を捕え、これを米俵の中に入れ五所結にして首ばかり出し、一見その人を認め易からしめてこれを五條河原に算盤積にしたのであるが、下層に置かれた婦人は気絶する恐れあるために、再びこれを駢列し、一昼夜大雪寒風の中に曝露し、のち終に棄教せざる者を殺し松原一帯は空地となるに至った。尋て伏見、大坂及び堺の地に迫害を及ぼし犯禁者六拾餘名を焼殺したが皆欣然として刑に就くと云う有様であった。

（＊『日本基督教史 下巻』 p217）

このようにキリスト教信者に対する取締りが厳しくなると、近畿地方をはじめ全国各地より追放された外国人宣教師や、有力なる信徒は長崎に向かい長崎奉行に愁訴嘆願したのだが、当時長崎奉行であった長谷川藤広は、有馬氏の所領でキリスト教を積極的に弾圧したという。

たとえば、旧有馬領の口之津の事例について、レオン・パジェスはこう記している。

七十人の者が、良く信仰を守った。（中略）（十一月）二十二日の朝、彼らは、首に綱をつけて引きまわされ、新手の拷問にかけられた。三十四人は、両足を板の間に挟まれて酷くしめつけられ、上から踏みつけられた。若干の者の骨は砕けてしまった。ある者は弱って信仰を捨てた。(中略)

最後に、一切殉教は出さない、これは皇帝の命令に反すると触れたにかかわらず、大きな手本を示すために、最も信仰の堅い者十七人が選ばれ、十一月二十二日に斬首された。

(『日本切支丹宗門史 上巻』 p361)

大坂の陣で、多くのキリシタン武将が豊臣方に集まったのはなぜか

しかしながら、このような弾圧が全国的に行われたわけではなく、豊臣家のお膝元の大坂においては、家康の禁教令は徹底されていなかったようだ。そのため、少なくない数のキリシタン武将たちが各地から大坂に集まるようになったという。この点について、山本秀煌は次のように解説している。

諸国の浪士、天下の溢者等は多く大坂の地に陰匿して、天下の変を待っていたのである。浪士の重なる者を挙れば、主人長政を恨んで黒田家を立退いた後藤又兵衛基次の如き、（中略）その父と不和であった細川忠興の次子長岡與五郎興秋の如き、南部信直の家老にして主人と不和を生じ南部家を退去せる南部左衛門の如きがこれであった、（中略）家康の切支丹禁教令も徹底せず、この地方にある基督教徒は比較的安穏であった。されば他の地方に於て禁教令のために苦しめられた切支丹武士もまた多く大坂付近の地を遁避所となし、全国各地より此処に来るものも少なからざるものであった。

当時大坂と江戸との関係は日に月に緊張し来り、早晩破烈すべき勢であった、大坂方はこれ等の浪士や切支丹武士を扶持して、有事の日に利用せんとて、をさをさその準備に怠りなかった。家康が大坂の老臣片桐且元に対して、大仏鐘銘に関する難題を提出した時「この頃秀頼公を憑み来る浪人に扶持すべしとの披露するが故に、日本国中の溢れ者大坂、堺に充満して、あるいは夜討、強盗し、あるいは往還の旅人を悩ます、これ何の用ぞや」と云ったのはこれ等のことを指摘したものであろう、他の浪士のことはさておき、切支丹に関係ある者について述べて見れば、ここに大坂方が最も着眼せる二人の切支丹武士があった、先の明石の城主高山右近友祥南坊と浮田秀家の

老臣明石掃部介守重とがそれである。（＊『日本基督教史 下巻』p236〜238）

文中の「難題」というのは、慶長十九年（一六一四年）七月、方広寺の梵鐘に刻まれた「国家安康」「君臣豊楽」の文字に、家康が重臣の本多正純を通じて異議を唱えた事件のことである。

前掲書によると、豊臣秀頼は高山右近が前田家を追われたことを知ったのち、右近に親書を送って大坂城内に迎え入れようとしたが間に合わなかったという。

他にも、細川忠興の第二子長岡與五郎興秋、内藤如安の子、高山右近の長子およびその郎等、大友宗麟の子供など、キリシタン武士三千人がいたと書かれている。

大坂城には、宣教師も集まってきたそうだ。イエズス会二名、フランシスコ会二名、アウグスチノ会一名の宣教師、および日本人宣教師二名が大坂城の中にいて、彼らは城中にあって信徒の告解を聞き、その士気を鼓舞することなどに務めたという。

このように大坂城に多くのキリシタン武士や宣教師が集まったのは、決して秀頼がキリシタンを信奉していたからではなかったようだ。ではなぜ彼らは大坂方に参陣したのだろうか。

彼等は淀君の熱心なる仏教信者にして切支丹を忌むこと甚しく、嘗て家康に切支丹禁止を請求したこともあり、秀頼もまた従来切支丹宗に冷淡であったのを熟知しているから、この際秀頼が切支丹宗自由たるべしとの条件を以て切支丹武士を招致したとはいえ、戦勝の暁に至り果してその約束を履行するや否やは疑問ではあるが、既に禁教令を布いて切支丹を圧伏しつつあった徳川氏の政策に比すれば幾分の望なきに非ず、彼れ宣教使等が秀頼に加担しその戦勝を祈り切支丹の前途を開拓せんと試みたのは勢已を得ざる事であった。

（＊同書　ｐ２４６）

つまり、宣教師やキリシタン武士にとっては、徳川方と比較すれば、まだ豊臣方にわずかな望みがあるのではないか、という苦渋の選択だったのである。

結果的に、大坂冬の陣で集まった豊臣方の総兵力は約十万人で徳川方の半分にすぎず、集まった武将は徳川の世になって没落した大名や、その浪人たちがほとんどであり、兵力の差は歴然としていた。

しかしながら、高い石垣や外堀や塀や櫓で二重三重に守られた大坂城はそう簡単に落とせるものではなく、家康はこのまま戦いが長引いて損害が大きくなることを避けるため、ひとまず講和することとした。その講和の条件として、大坂城の外堀を埋めることが書かれていたという。

講和が結ばれてから、徳川方は外堀を埋める工事を開始し、さらに内堀も埋める工事を行っている。これは明らかな講和条件違反なのだが、工事は完成し、そのために大坂城は丸裸同然となってしまう。これでは勝ち目がないとして大坂城を去る者が出たため、豊臣家の戦力は七万八千人にまで減少した。

翌慶長二十年（一六一五年）四月に、再び大坂城を中心に戦いが始まる（大坂夏の陣）と、堀を埋められた豊臣方は、城から出ての野戦に臨まざるを得なかった。

激しい戦いが一ヵ月以上続き、豊臣方の真田幸村の率いる軍が家康の本陣に迫る場面もあったものの、兵力の差は如何ともし難かった。大坂城三の丸が内通者により放火されると、徳川軍は城内に突入。大坂城は燃え上がる炎に包まれ、秀頼も、その母の淀君も城内で自害したと伝えられている。

では、この大坂の陣の間にキリスト教会はどう動いたのだろうか。秀頼がキリシタン武将や宣教師を集めようとした事実はあるが、教会全体としては中立の立場を貫いたようである。

『日本切支丹宗門史』にはこう記されている。

この戦争中、又内府様（著者註：家康）の死ぬまで、教会は実に静穏であった。諸侯の多くは、両軍の何れかに属して常に戦場にあった。領国に留まっていた者も、勝利者の例に倣って行動を見合せ、キリシタンに対しては眼を閉じていた。宣教師とキリシタンとは、周到にもこの時機を利用して、伝道と信仰とに受けた損害を回復した。

若干の宣教師達は、日本に留まっていた。即ちイエズス会員二十九人、ドミニコ会員六人、フランシスコ会員六人、それにアウグスチノ会員一人であった。なお又数人の俗間司祭がいた。一六一五年には若干の修道者が帰来した。（同書上巻　ｐ４００）

当時、宣教師たちの多くは長崎にいて、長崎では教会が復活し、ミサも行われるようになったという。この地が、各地で追放を受けたキリスト教信者たちの避難地となったことは言うまでもない。

対外政策を一変させた秀忠

大坂夏の陣の翌年である元和二年（一六一六年）の一月、徳川家康は鷹狩りに出た先で倒れ、四月十七日に駿府城において死去してしまう。

家康の後を継いだ第二代将軍・徳川秀忠は、その後江戸幕府の対外政策を一変させている。

同年の八月には、支那商船を除くすべての外国商船が寄港できる港を長崎と平戸の二港に限定し、いかなる大名もキリシタンを召し抱えたり、領内に置くことを禁じた。また、宣教師およびその補助者または従僕と交際するものは、生きながら焚かれるか、財産を没収され、これを隠匿するものは、婦人・小児および五人組までも同罪とした。江戸、京都、大坂、堺などには外国人の滞留が禁じられ、イギリス人、オランダ人もこの地方からの撤退を命ぜられている。

『日本切支丹宗門史』にはこう解説されている。

この間に、特に江戸や京都の皇都、並に皇帝の直轄領である上方の諸州で、猛烈な迫害が始まった。奉行中の首席で、性質の温順な人物である板倉殿（板倉勝重）は、きっと新主の意に適うと信じて、無慈悲になった。彼の同僚もまた、彼に倣って、苛酷になった。諸侯も大体、政庁（幕府の意）の命令に従った。（中略）

長崎もこの例に漏れなかった。全町悉くキリシタンなるこの町では、爾後禁令の条項に照して、司祭を留め、天主堂を置き、公然と礼拝することは厳禁された。

（同書中巻　ｐ７）

しかしながら、長崎では幕府の禁教令が出ていた環境下にもかかわらず、なお数十名の司祭らが留まっていたという。布教活動をどう行うかについては、修道会派によって対応が異なっていたようだ。

日本内地に潜伏したる各派宣教使の意見は二途に分れて一致せず互に相反目していた。耶蘇組の司祭等は時宜に従うを可なりとし、昼は成るべく潜伏して他出せず、夜半人定て（著者註：寝静まって）後、出て宗務を行った、然るに、フランシスカン、ドミニカン、アウガスチン派の宣教使等は時勢に辟易して陰匿するのは、怯懦であり、不義である、宜しく公然教務を行うべしと唱え、白昼出て横行し、宗務を公行するに憚らなかったため、そのことが何時しか江戸に聞え、将軍の憤怒を招くに至った。

（＊『日本基督教史 下巻』 p２６８）

そんな中、元和三年（一六一七年）一月一日、参賀に来た肥前大村藩の藩主・大村純頼を見て、将軍・秀忠はこう詰問したという。

「聞く、長崎地方には今もって外国宣教師の徘徊するものありと、卿宜しく速にこれを海外へ駆逐し怠慢の罪を購うべし」

大村純頼は、幼い頃からキリスト教を信仰する環境で育っており、宣教師を虐待できなかった。そのため、自身の領内に宣教師が潜伏していることを知っていながら見過ごしてきたが、この秀忠の命により、涙を呑んで宣教師二人を斬首刑に処した。

しかしながらこの処刑は、長崎では逆に多くのキリスト教徒の信仰を奮い立たせることになったようだ。

長崎付近で潜伏していたドミニコ会のアロンゾ・ナヴァレット司教とアウグスチノ会の

聖ヨセフ司教は、この宣教師の殉教を聞いて立ち上がり、死を覚悟で公然と布教を再開し、伝え聞いて集まった三千人の教徒たちで賛美歌を歌い、その声は天地に響いたという。

このことはさらに多くの者に感化を与え、一度転向した者もまた戻り、新たに洗礼を受ける者も加わった。

こんな具合で、宣教師を斬首しても、宣教師を匿った者を死罪にしても、信徒たちが棄教することにはつながらなかったのだが、江戸幕府はその後もキリスト教への弾圧の手を緩めることはなかった。外国人宣教師で死罪となった者は少なく、ほとんどは大村の獄中につながれたそうだが、日本人の信徒に対する弾圧については徹底していたという。

日本人の各地に於て苛責惨殺された者は数百人にのぼり、或は斬罪、烙刑、磔刑に処せられ、或は火責、水責、笞打、石抱、釣責の拷問にかかり、或は手指を截られ、足腿を断たれ、或は赤色の十字形を彫刻せられた……

（＊同書　ｐ２８４）

東南アジアでスペインに対抗しようとしたイギリス・オランダの戦略

次に、話題を東南アジアに転じよう。

版図を広げ過ぎたスペインは十六世紀の後半からオスマン帝国、イタリア、フランス、イギリスなどと戦火を交えるようになり、次第に国力を消耗していく。それを好機と見たイギリスやオランダが、東南アジアに戦艦を投入し、スペインやポルトガルが保持していた覇権を奪取しようとしたのだが、彼らも日本製の武器と日本人傭兵を頼りにしていたという。

藤木久志氏の著作に、当時、平戸商館からどのような商品が東南アジアに運ばれていたかが記されているので紹介しておきたい。

加藤栄一氏の研究によってオランダの動きを見ると、日本の平戸商館は、オランダ（連合東インド会社）の軍事行動を支える、東南アジア随一の兵站基地と化し、主力商品であった日本の銀とともに、平戸から積み出された軍需物資は、武器・弾薬のほか銅・鉄・木材・食糧・薬品にわたった。

一六一五年末から翌年二月まで、わずか三か月に出港した三隻の船の積荷目録だけで、日本製の鉄炮一二〇・日本刀二二三・槍五七、鉄丸など銃弾一一万斤、火薬用の硫黄八二五〇斤・硝石二二二五斤などが、平戸からシャム・バンタンに積み出されていた。

とくに注目したいのは日本人傭兵の流出ぶりである。

（『新版　雑兵たちの戦場』ｐ２７３）

同書では、オランダが日本人傭兵を送り出した記録も紹介されている。

一六一六年に連合東インド会社が平戸で雇った五十九名の日本人の名簿から推測すると、この船に乗せられた日本人傭兵でミゲル、パウロなどキリシタンらしき名前の者が十三名、武士らしき者が三名、あとは農民だという。

そして、東南アジアにおける西洋列強の覇権争いに巻き込まれる事件がわが国で起こっている。

イギリスとオランダが、一六一九年（元和五年）六月十二日にロンドンに於て両国防御条約を締結し、両国の東インド商会が各十隻の戦艦を出して防御艦隊を組織し、以てスペイン・ポルトガル両国の艦隊に当たることを取り決めている。その条約により、平戸港が両国艦隊の拠点となり、元和六年（一六二〇年）七月に両国艦隊の各四隻が平戸に入港した。その際に平山常陳《じょうちん》なる人物が船長を務める朱印船が、日本人船員の外、ポルトガル人とスペイン人を乗せてマニラから日本に向かっていたところを、イギリスおよびオランダの船隊によって拿捕されるという事件が起きている（平山常陳事件）。

イギリス平戸商館は「日本入国を禁じられている宣教師を乗船させた」として、その朱印船の積荷を没収したのだが、平山常陳らは「乗っていたのは宣教師ではなく商人である」とし、積荷の没収を「海賊行為」であるとして長崎奉行に訴えた。

双方の言い分が対立し二年がかりで調査が行われた末、証言により朱印船に二名の宣教師が乗っていたことが判明し、元和八年（一六二二年）七月十三日に長崎で平山常陳と二人の宣教師が火刑となり、朱印船の船員十二名が斬首されている。

この事件は、徳川幕府のキリスト教に対する不信感を決定づけるものとなり、平山常陳らが処刑された翌月の八月五日には、長崎の西坂でカトリックのキリスト教徒五十五名が火刑と斬首によって処刑される事件が起きている。世に言う「元和の大殉教」だが、わが国のキリスト教の歴史の中で最も多くの信徒が同時に処刑された事件だという。

イギリス・オランダ勢力とスペイン・ポルトガル勢力との覇権争いは、わが国だけで起こったことではなく世界各地で行われており、当時海外にいた多くの日本人がこの争いに巻き込まれている。

前掲書にこんな記述がある。

翌年（著者註：元和七年、一六二一年）七月、両国（著者註：オランダ・イギリス）の艦隊は、台湾近海で捕らえた、日本行きのポルトガル船とスペイン人宣教師を幕府に突きだし、マニラ（スペインの拠点）・マカオ（ポルトガルの拠点）を滅ぼすために、二千〜三千人の日本兵を派遣するよう幕府に求めた。イギリス・オランダ対スペイン・ポルトガルの東南アジア戦争に、イギリス・オランダの傭兵として、幕府公認の日本軍を動員しようというのであった。

しかし、もともと友好・中立と交易の安全・自由を原則とし、国際紛争への介入に慎重だった幕府はこれを拒否した。それればかりか、七月二十七日付けで、幕府（将軍秀忠）は突然「異国へ人売買ならびに武具類いっさい差し渡すまじ」という……禁令を発した。

（同書　p275～276）

この禁令がイギリス・オランダに大きな衝撃を与えたことは間違いがない。オランダのインド総督クーンは、多数の兵士を本国から派遣することを要請し、さらに日本の商館に次のような対策をとることを指示したという。

①「諸地方（東南アジアの各地）において当面の戦争が継続する限り、日本人がインドの他の国民と同様に役立つことは、何びとも疑わざるところ」だ。日本人傭兵なしではとうてい東南アジアの戦争を戦えぬ。将軍から再び日本人連れ出しの特権を得るよう、あらゆる手を尽くせ。

②さらに日本から「わが城塞や艦船、およびインドの戦争に要する軍需品を十分に供給」できなければ、戦況に深刻な影響を受ける。これ以上、日本貿易が制約されないよう、将軍に請願を重ねよ（武器だけでなく、米麦・葡萄酒・肉類など、食糧の禁輸も噂され、恐慌を来していた）。

③海上のどの地点まで日本の君主の権利と裁判権が及ぶのか、その限界を明らかにせよ。だが、日本の周辺でポルトガル・イスパニアの商船を捕獲することは、われらの立場を危険に陥れる。十分に注意せよ。（同書　ｐ２７９）

しかし、イギリスやオランダが何を言っても江戸幕府は方針を変えなかった。その後まもなく九州では、外国船の臨検が実際に始められ、「八月六日、ジャカトラ（ジャカルタ）行きのオランダ船は槍を押収された。翌日には船内の火薬の捜査が行われ、九月十二日には長崎にいたイギリスのフリゲート船から、槍・長刀・刀など千挺余りが没収されたし、その後も武器の押収があいついでいた」（同書　ｐ２８０）という。

このように秀忠は日本兵の派遣を拒絶したのだが、オランダは諦めなかった。

一六二二年、オランダは十七隻の艦隊を派遣し、千百人の日本人傭兵やマレー人の傭兵を集めてポルトガル人の根拠地たるマカオを攻めている。

幕府がキリスト教の取締り強化を図っても、キリスト教信者は増え続けた

このようにイギリス・オランダ勢力とスペイン・ポルトガル勢力との覇権争いにわが国が巻き込まれそうになる事件が何度か起きているのだが、徳富蘇峰は、江戸幕府がここまでキリスト教の取締りを強化したことには重大な理由があったとし、こう解説している。

重大なる理由は、外患でなく、内憂であった。徳川幕府は云うまでもなく、幕府中心主義を以て立った。日本国の存亡よりも、幕府の存亡が彼等に取りては、第一義であった。（中略）

今仮りに外国と勝手に交通するとせよ。いわゆる外様の大名は、外国の勢力と相結託する危険はなきか。（中略）或は外国の勢力と結託して、内乱を起こす者が無いとも限らぬ。或は外国に根拠を設け、策源地を作り、そこから機会を見て、日本に事を起こし、若しくは起こさしむる者も無いとは限らぬ。

（＊『近世日本国民史 第14』 p252～254）

蘇峰は、そのまま外国人宣教師や商人の流入を放置していれば、それを以て、キリスト教に寛容な外様大名が外国勢力の支援を得て勢力を増す危険があり、しかも当時の情勢からすればマカオやルソンがその「策源地」となり、わが国を再び戦乱に巻き込んで次第に外国人に侵略される可能性を示唆している。実際にそのような戦略を考えている外国人が存在していてもおかしくないし、第３章でも紹介したように、当時の宣教師が本国に向けて、日本を武力征服する方法について具体的に記した書簡がいくつも存在するのである。

彼らの最終目的は、日本を植民地化し、キリスト教を奉ずる国に変えることにあった。徳川幕府がいくらキリスト教の取締りを強化しても、彼らは宣教師を送り続け、布教し続けていた。

昭和五年に刊行された宗教学者の姉崎正治著『切支丹伝道の興廃』という書物を読むと、禁教令が出て幕府の取締りが厳しくなり、長崎で二名の外国人宣教師が斬首された後にも、マカオからはイエズス会、マニラからはフランシスコ会の宣教師らが次々とわが国への潜入に成功していることが記されている。

また『日本基督教史』には、これだけ厳しい取締りにもかかわらず宣教師が侵入して欠員を補充し、迫害があったにもかかわらず三千人を教化し得た、とある。

将軍秀忠の時代の殉教者は三百人程度とされているが、三千人もの信徒を獲得したというのなら、キリスト教信徒数は増えていたということになる。幕府にとってみれば、いくら弾圧しても減らないキリスト教信徒は、さぞ不気味な存在であったに違いない。

家光がフィリピンのマニラ征伐を検討した背景

元和九年（一六二三年）七月に家光が二十歳で徳川三代将軍となったが、家光の対外政策やキリスト教に対する政策は、第二代将軍の秀忠の時代よりも一段と厳しいものになっている。

家光は将軍に着任したその年から、スペインとポルトガルの船の入港時期を制限し、邦人のキリスト教信徒の海外往来を禁じ、翌寛永元年（一六二四年）には在留しているスペイン人を国外に退去させ、あわせてスペインおよびフィリピンとの通商を禁止している。

かくしてわが国に在留する外国人は長崎（ポルトガル人）と平戸（オランダ人）に限られ

ることとなった。

では家光は、日本人の教徒に対してはどのような施策をとったのか。

家光が将軍の位についた年の十二月四日に、江戸の札の辻（現・東京都港区）で多くのキリスト教信徒の処刑が行われている。

処刑された中心的人物は原主水《はらもんど》という、以前は家康に仕えていた武士である。慶長十七年（一六一二年）に江戸・京都・駿府をはじめとする直轄地に対してキリスト教の禁教令が出され、キリスト教徒であった原主水は十名の旗本とともに殿中を追われることになった。

しかしその後も布教を続け、慶長十九年（一六一四年）に捕えられ、手足の指が切断された上に額に十字の烙印を押される身となったのだが、その後も教会に出入りして神父らを助けて、非合法活動であったキリスト教の布教に従事していた。

ところが密告があり、外国人宣教師をはじめ約五十名とともに捕えられ、処刑の日には三つの組に分けられて江戸の町を引き回された後、火刑に処せられることとなった。

処刑される前に原主水は「私は私の贖主であり、また救主でもあらせられるイエズス・キリスト様の御為に、苦しみを受けて、いま命を捨てるのである。イエズス・キリスト様は、私には、永遠の報酬に在《おわ》すであろう。」（『日本切支丹宗門史 中巻』ｐ２９４）と述べたそうだが、他のキリシタンもほとんどが同様な態度で死んでいったという。

家光の時代にも数多くのキリシタン殉教者が出ている。

彼らの多くが処刑に抵抗せず従容として死に就いていった理由は、「殉教者」が聖なるものとして信徒から非常に尊崇されていたからである。そのため、処刑の後に多くのキリスト教信徒が、殉教者の遺骸や遺品を持ち去ろうとするので、さらなる信徒が捕えられて処刑されることになる。

江戸では十二月二十九日にはさらに三十七人が火刑などに処され、翌年以降も各地で多くのキリスト教信徒が処刑されたのだが、キリスト教徒が減ることはなかった。

『日本基督教史 下巻』によると、家光時代の迫害による殉教者の数は、元和九年（一六二三年）に一四五人、寛永元年（一六二四年）に二一一二人、寛永三年（一六二六年）に一一〇人（同書　ｐ３７８）とあるが、一方、洗礼を受けた者の数は、寛永元年一一四〇人、寛永二年は二千人（同書　ｐ３７５）と殉教者をはるかに上回っていたのである。

江戸幕府は、寛永元年（一六二四年）にスペインとの国交を断絶しているが、この頃はスペインの領土的野心が誰の目にも明らかであった。

江戸幕府は、フィリピンからの宣教師の潜入をストップさせるために、二度にわたりフィリピンの征伐を検討している。

一回目は、寛永七年（一六三〇年）に肥前島原領主となった松倉重政がルソン（呂宋）の征伐を幕府に申し出て、偵察をマニラに向かわせたのだが、その船が出帆したわずか五日後に松倉が急死したために計画は取りやめとなった。

また、この七年後に江戸幕府は再びフィリピン征伐を計画している。徳富蘇峰は以下のように解説している。

寛永十四年に、幕府は呂宋《ルソン》を征伐せんと企てた。これは宣教師の根拠地を覆すと同時に、彼等が琉球を経て、密貿易を行うを杜絶するためであった。而して幕府は、寛永十五年の冬、遠征軍を出す計画を立て、末次平蔵をして、兵士輸送のために、蘭人から船舶を借るべく交渉せしめた。蘭人も其の相談に乗り掛り、更らに戦艦をも供給すべく準備したが、島原の一揆のために、中絶した。

（＊『近世日本国民史 第14』 p２５８〜２５９）

島原の乱が起きたためにこの計画は中止されたのだが、もし江戸幕府がフィリピン征伐に実際に動いていたとしたら、勝算はどの程度あったのだろうか。

繰り返すが、当時スペインやポルトガルが多くの国々の領土を簡単に侵略できたのは、刀と弓矢しか武器を持たない国が大半であったからである。わが国だけは鉄砲伝来の翌年に鉄砲の大量生産に成功し、十六世紀の末期には世界最大の鉄砲保有国になっていたし、もともとフィリピンの国防は日本人の傭兵部隊に頼り、武器も日本から輸入していた状態にあった。

もし日本から傭兵と武器を調達できなければ、スペイン人はそう長くは戦えなかっただろうし、徳川幕府軍が日本人傭兵やフィリピンの先住民とつながれば、一時的にスペイン人を追い出すことは、それほど難しくはなかったと考えられるが、戦いはそれだけでは終わらなかったであろう。

幕府はなぜキリスト教を禁止せざるを得なかったのか

徳川幕府がキリスト教を禁止した理由について、徳富蘇峰がわかりやすく解説している。

当時の耶蘇教徒が、ややもすれば日本主権者の命令を無視して、独自勝手の運動をしたのは、当局者の目に余る事実であった。云わば当時の宣教師その者が、この点について、甚だ不謹慎であった。されば耶蘇教徒迫害の災難は、半ばは自ら招きたるものであると云うが、寧ろ公平の見解であろう。

（第一）耶蘇教は、日本の国法を無視する事。

（第二）耶蘇教は、日本の神仏を侮蔑、攻撃して、平地に波瀾を起さしむる事。

（第三）耶蘇教は、社会の落伍者を収拾し、自然に不平党の巣窟となる事。

（第四）耶蘇教は、スペインの手先となりて、日本侵略の間諜となる事。

（第五）外国の勢力を利用せんとする、内地の野心者の手引きとなるのおそれある事。

以上は恐らくは幕閣が、耶蘇教禁圧の止むべからざるを認めた理由であろう。これは幕閣としては、杞憂であったか、真憂であったか。いまにわかに断言すべきではないが、しかもこれを一掃的に杞憂であると、抹去すべきではあるまい。

特に幕閣をして、禁教の手を厳重ならしめたのは、宣教師等の反抗運動であった。彼等は退去を命ぜらるれば、たちまち逃走した、隠匿した。しからざれば一たび退去し、更に商人の服装をして渡来した。しかして彼等を厳刑に処すれば、信者は踴躍してこれに赴き、しかしてその就刑者の或者は、直ちに天使に均しき待遇を受け、しからざるも、殉教者と尊崇せられた。信徒等はその流したる一滴の血さえも、これを手巾に潤し、神聖視した。

かかる状態に際しては、幕閣たるものは、根本的にこれを杜絶するの策を考えねばならぬ。いやしくも船舶が交通するに於ては、如何に宣教師渡航禁止の法律を励行するも、これを潜る者あるは、事実の証明する所で、今更致し方がない。商売は商売、宗教は宗教との区別は、秀吉以来、家康以来、既にしばしば経験した所だ。しかもそれがことごとく水泡に帰した。こちらでは区別をするが、彼方では区別をせぬ。さればその上は、一切無差別に、通航を禁止するの他は無いのだ。

必ずしも徳川幕府のために、耶蘇教禁止の政策を弁護するではない。しかも彼等の立場として、まことに余儀なき次第と云わねばならぬ。しかしてさらに、より以上の必要は、幕府自身の自衛だ。幕府の憂いは、内には不平党の嘯集だ。外には外国の干渉、および侵襲だ。しかしてこの両者の導火線は、何れも耶蘇教と睨んだからには、これを禁止するは、幕府自衛の策として、必須である。

（＊『近世日本国民史 第14』 p２４３〜２４６）

江戸幕府が禁じていたにもかかわらず宣教師を送り込んできたのはスペインだけでなくポルトガルも同様であったのだが、江戸幕府はスペインを警戒して、寛永元年（一六二四年）にスペインとの国交を断絶している。スペインは、わが国の沿岸を勝手に測量したり、わが国の禁令を破って宣教師を潜入させるなど、スペイン人の野心を疑わせる行為を繰返していたので、江戸幕府が警戒したことはむしろ当然のことであった。

その後、スペイン国王のフェリペ四世（当時はポルトガル国王を兼務）は、わが国との貿易継続のために一六二八年にフィリピンから日本に宣教師が入ることを今後十五年間禁止したのだが、宣教師たちはその命令をも無視し、寛永九年（一六三二年）には、十一人の宣教師が四組に分かれて、シナのジャンク船に乗ってフィリピンのマニラから入国し、さらに一六三七年には五名、一六四二年にはさらに四人の宣教師がわが国への密入国に成功したという。

彼らが禁を犯して宣教師を送り込んだのは、キリスト教をわが国に広めることにより、わが国に対する干渉を容易にするためだった。

わが国としては外国の干渉を排除するためにはキリスト教の禁教が不可欠であったのだが、いくら禁止しても商人に扮して宣教師が入国してくるのでは、海外貿易を厳しく制限していく以外に方法がなかった。

ポルトガルについてはスペインほどひどいやり方ではなかったので、幕府ははじめのうちは手加減していたようだが、次第に取締りが厳しくなっていく。

まず、寛永八年（一六三一年）に、奉書船制度が開始され、朱印船朱印状以外に老中の奉書が必要となり、二年後には、奉書船以外の渡航が禁じられるに至った（第一次鎖国令）。翌年、第一次鎖国令が再通達され（第二次鎖国令）、長崎に出島の建設が開始された。

そして寛永十二年（一六三五年）には、中国、オランダなどの外国船の入港を長崎のみに限定し、東南アジア方面への日本人の渡航も、日本人の帰国も禁じられることとなった

（第三次鎖国令）。

またさらにその翌年には、貿易に無関係なポルトガル人と妻子をマカオに追放し、残りのポルトガル人を出島に移して隔離した（第四次鎖国令）。

出島では、一切邦人との雑居を禁じただけでなく、この出島から本地に接続している橋を渡ることが許されたのは、年に二度、すなわち入港と出港の時のみに限られたという。

寛永十六年（一六三九年）には、ポルトガル船の入港を禁止し（第五次鎖国令）、この年から二百十五年後の嘉永七年（一八五四年）の日米和親条約締結までの期間を、わが国では「鎖国」と呼んでいる。

しかし、この当時は東北アジア諸国においても「海禁政策」が採られており、わが国だけが国を閉ざしたわけではなかったのだ。

江戸幕府がポルトガル人を追放したために、せっかく完成した出島は無人状態となってしまったのだが、寛永十八年（一六四一年）にオランダ東インド会社の商館が平戸から出島に移され、武装と宗教活動を規制されたオランダ人がこの地に住むようになった。かくしてわが国の対外関係は、中国、オランダ、朝鮮、琉球との間の通商関係に限定されることとなったのである。

このような経緯を知ると江戸幕府がキリスト教を禁止し、貿易相手国を絞り込んだ「鎖国」という選択をしたことも納得できるのである。もし江戸幕府がこの選択をしなければ、わが国はスペイン、ポルトガル、オランダ、イギリスの植民地争奪戦に巻き込まれて、国力を相当消耗していたに違いない。

戦後の歴史書がわかりにくい理由は、日本を植民地化することを執拗に狙っていた国のことがほとんど記載されていない点にあると思われる。江戸幕府が自衛のために、また、外国の干渉を排除するためにキリスト教の禁教が不可欠であったことは、この点を理解しないと見えてこないのである。

第5章

島原の乱

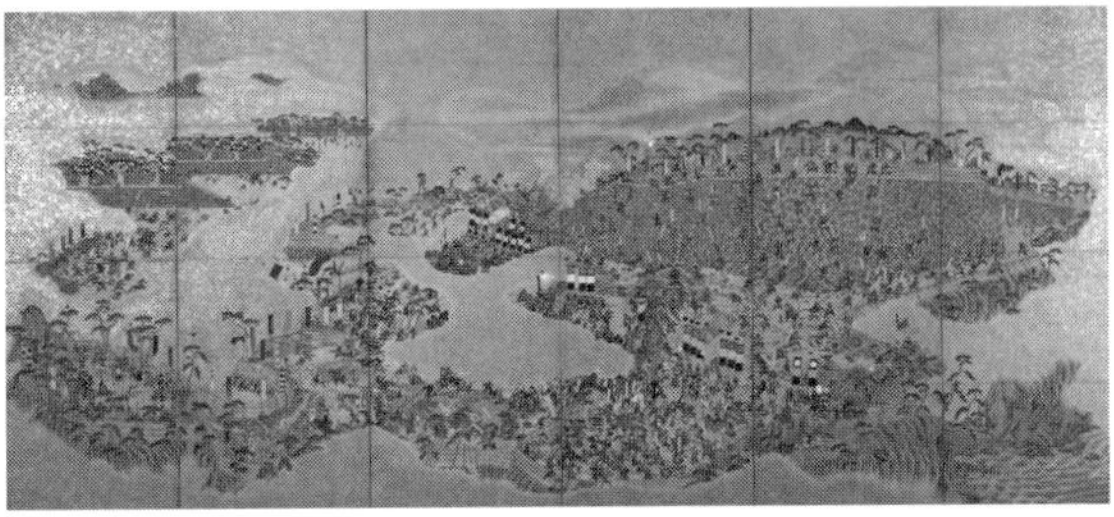

「嶋原陣図御屛風—戦闘図—」（朝倉市秋月博物館蔵）

島原の乱は経済闘争か、あるいは宗教戦争か

鎖国政策が強化されていった最中に、島原半島と天草諸島を舞台に、わが国史上最大規模の一揆である島原の乱が起きている。

戦国時代には、島原はキリシタン大名の有馬晴信が統治していたが、慶長十九年（一六一四年）に松倉重政の領地となり、また、天草は小西行長という熱心なキリシタン大名が統治していたが、関ヶ原の戦いの後に寺沢広高の領地となっている。

それぞれ領主が代わった後、厳しいキリシタン弾圧が行われたことがよく知られている。寛永十四年（一六三七年）十月に、島原の乱が始まったのだが、この乱については領主の過酷な年貢取り立てに対する経済闘争という見方と、苛酷なキリシタン弾圧に対する宗教戦争という見方があり、長年にわたり論争が行われてきた経緯にある。私の学生時代には、どちらかと言うと経済闘争とのニュアンスで学んだ記憶があるのだが、最近の一般的

な教科書ではどう描かれているのか確かめてみた。

こうして鎖国政策が強化されていったとき、九州で島原の乱がおこった。そのころ、島原・天草地方には多くのキリスト教徒がいたが、領主は徹底した禁教政策をとり、年貢の取り立てもきびしくした。この圧政に反抗した農民は、天草四郎時貞を総大将として、１６３７（寛永14）年から翌年にかけて島原半島の原城跡にたてこもり、幕府軍と半年近くも戦ったが、武器や食料が尽きて敗北した。

（『もう一度読む　山川日本史』ｐ１６０〜１６１）

この教科書を普通に読むと、一般の農民が宗教弾圧と重税に抗して立ち上がったと理解するしかないのだが、よくよく考えると疑問が湧いてくる。

住民たちは新領主によるキリシタン弾圧により、島原の乱が起こる十年近く前にキリスト教を棄教していた。なぜ彼らは、一斉にキリスト教に改宗して戦ったのか。

禁教政策はこの地域だけではなく各地で行われていたし、信仰の篤い多くのキリシタンは、迫害を受けた場合に抵抗もせずに殉教の道を選んでいる。なぜ島原・天草のキリシタンは、他の地域のように殉教の道を選ばずに、幕府と戦うことを選択したのだろうか。
また、三万七千人とも言われる反乱勢が十二万以上の幕府軍と四ヵ月間も戦っているのだが、これだけ大規模かつ長期の戦いになったのは、反乱勢が大量の武器弾薬を保有していたからにほかならない。しかも、彼らは武器の使い方にも習熟していたのだが、それはなぜなのか。

徳富蘇峰の著書に、当時平戸にいたオランダ商館長クーケバッケルがバタビヤ総督に宛てた書状が紹介されている。これを読むと、島原藩の領主松倉重政がどのような政治を行ったかがわかり、島原の乱を主導したメンバーについても見えてくる。

> 有馬の君主（有馬直純）は、陛下（将軍）の命にて、他国へ移封せられたが、彼は僅かに若干の臣下を伴い行《ゆ》いた。これに反して新に有馬に封ぜられたる新領主（松倉重政）は、ほとんど悉くその旧家臣を率いて来た。これがために先領主の旧家臣等は、その歳入を奪われ、非常に困窮して、何れも百姓となった。この百姓は、唯だ名のみで、その実は、武器の使用に熟練した兵士であった。
> 新来の領主は、彼等の旧禄を奪ったに止まらず、さらに彼等及び従来よりの純農民に

課税し、彼等の負担し得ざる程の米穀の高を徴した。しかして若し上納し得ぬ者あれば、日本人の蓑と称するものを着せ、これを首と体とに捲き締め、縄もて両手を背後にしかと縛り、しかる後この着物に火を点けた。かくて彼等は火傷する計りでなく、中には焼死する者もあった。或はその身を強く地に投げ着け、若しくは水中に飛び込んで死する者もあった。この悲劇を蓑踊と称した。

この執念深き領主は、また婦女を赤裸にして、両足を縛りて、倒に吊し、その他種々の仕方もて、彼女等を侮辱した。

然も人民は辛うじてこれに耐え忍んだが、その嗣子にして江戸に住する領主（松倉重治）に至りては、更にその上に重税を課したから、寧ろ坐して餓死を待たんよりも、自殺するに若かずと、先ず自らその妻子を手刃するに至った。

長崎港の南方、有馬領の対岸に位し、退潮の時は、徒歩にても渡り得べき島がある。これが天草島だ。ここの農民もまた、その領主に虐げられた。彼等の領主（寺澤堅高）は、平戸の北方十五哩《まいる》の唐津にありて、恒に誅求を事とした。しかして彼等は有馬の農民と、互いに相呼応して、一揆を爆発せしめた。

（＊『近世日本国民史 第14』 p341〜342』）

この記述から、島原の乱を主導したのは、旧領主の家臣たちであったことがわかる。このことを日本人ではなく、オランダ人が記録していることは重要なポイントである。

わが国にも史料があるようだ。たとえば『天草征伐記』には、一揆の中心メンバーの名前が記されており、徳富蘇峰の同上書にその史料が紹介されている。

天草甚兵衛、同玄札、大矢野作左衛門、千々輪五郎左衛門、芦塚忠右衛門、赤星内膳、この六人一所に集り、暫らく物語した。大矢野作左衛門曰く、さてさて口惜しき事よ。このままにて餓死に及ぶとは。時に天草玄札曰く、この島（天草島）の領主寺澤志摩守（廣高）は善人であったが、今の兵庫頭（堅高）は、法令苛く、無法に百姓に課役をかけ、福分の百姓も悉く貧しくなり、恨骨髄に徹している。今この時に於て、一揆を起し、運を開くか、左なくば、潔く討死しては如何と。芦塚忠右衛門曰く、尤も妙だ。この島は種子島に近く、島中の鉄砲五六百梃もあらん、百姓共も修練して鹿猿を打つ猟師なれば、武士たりとて、これには及ぶ可くもあらず。且つこの島民は本来切支丹なれば、この宗門に托して、不思議を現わし、一味徒党を以て、一揆を企つ可し

と。これにて評定一決した。（＊同書　p３４５～３４６）

また蘇峰は徳川幕府の正史である『徳川実紀』にも首謀者の名前が明記されていることを紹介している。蘇峰は「徳川実紀には、小西行長の遺臣にして、朝鮮役に軍功ありたる大矢野松右衛門、千束善右衛門、大江深右衛門、山善右衛門、森宗意の五人が、主謀者となり、大矢野村庄屋益田甚兵衛の子四郎（後に時貞）といえる、十六歳の少年を擁して愚民を煽動したとある」（＊同書　p３４６）と解説している。

『天草征伐記』と『徳川実紀』とでは首謀者の名前が異なるのだが、キリシタン大名であった有馬直純あるいは小西行長の旧臣たちが主謀者であり、一般の農民を糾合して蹶起《けっき》したという点では同じである。教科書等にはこういう重要な史実が無視されているのだ。

当時の記録をもとに「一揆勢」の行動が紹介されている本がある。

大矢野村で、大庄屋の小左衛門が百姓ら四、五十人を引き連れて栖本の代官のところに押しかけたことが天草での蜂起の発端であったが、代官のもとに押しかけた百姓たちは、自分たちはキリシタンに立ち帰ると宣言したのみで、年貢を減免せよとは言っていない。これも先ほどみたように、この事件についての別の証言では代官自身にキリシタンになるよう迫った、というから、これが百姓側の主要な訴えであったことは確かだと思われる。とすると、年貢の苛酷な取立てに憤った百姓の言い分としては、いかにも奇妙な感は免れない。いったい農民たちは代官に年貢を減免させたいのだろうか、それともキリシタンに改宗させたいのだろうか。

また一揆勢は他の村々や周囲の人々にキリシタンになるよう迫り、それに従わない村に対しては攻撃を加えた。天草御領村の住民たちに対して一揆は、キリシタンになるなら、仲間に入れてやるが、ならなければ皆殺しにすると迫り、住民たちは否応なくキリシタンになったという（『御書奉書写言上扣』十一月十七日井口少左衛門書状）。（中略）

通常の百姓一揆では一揆に加わらない村々に制裁を加えたことが知られているが、一揆に加わることとキリシタンに改宗することは別である。一揆勢が迫ったのは改宗であり、下手をすれば「異教徒」の村を敵に廻しかねないことである。なぜこのように、一揆勢力は改宗にこだわったのだろうか。苛酷な年貢徴収に憤った農民が、信仰を結束軸として立ち上がったという筋書きは、いかにもそれらしくは見えるものの、一揆勢の行動はこれでは説明できないだろう。

（中略）

まず一揆勢の行動で目に付くのは寺社への放火や僧侶の殺害である。（中略）新兵衛という者が逮捕された晩に、村民らが、所々の寺社を焼き払ってキリシタンになり、これに周辺八ヵ村の村民らが同調して寺社に火をつけ、キリシタンにならない村民の家には火をかけている。さらに島原城の城下町へ来襲した一揆は江東寺、桜井寺に放火している（『別当杢左衛門覚書』）。（中略）

寺社への攻撃とともに僧侶や神官の殺害も見られる。先に見た有馬村の角内・三吉が逮捕された後、有馬村の住民たちは、信仰の取り締りに赴いた代官の林兵左衛門を切り捨てた後、村々へ廻状を廻し、代官や「出家」「社人」（下級神官）らをことごとく打ち殺すよう伝達したために、僧侶、下級神官や「いきがかりの旅人」までが殺されたという（『佐野弥七左衛門覚書』）。また島原の町の水頭にある寺で火事があったとの報に、城内から侍三人が現場へ駆けつけたところ、火事ではなく寺の住持の首を切り三本の竹を組んだ上に指物にして載せて一揆が城へ向かうところであったという（『松竹吉右衛門筆記』）。

（神田千里『宗教で読む戦国時代』講談社　p178~180）

このような寺社への放火は島原だけでなく天草大矢野島でも行われているのだが、こういう記録を読むと彼らが立ち上がったのは、重税に抗議したという経済的動機よりも、宗教的動機のほうが大きかったと考えられる。

棄教した住民たちが、なぜ短期間にキリシタンに立ち帰ったのか

前述したとおり、島原と天草ではキリシタンの弾圧が厳しく、住民のほとんどが、ずっと以前にキリスト教を棄教していたはずなのだが、島原の乱が起こる直前に、キリシタンに立ち帰っている。小西行長の遺臣たちは、どういう方法で彼らを改宗させて、一揆に参加させたのであろうか。

この謎を解く鍵が、島原の乱が勃発する直前である十月十三日付の『じゅわん廻状』と呼ばれる文書にあるようだ。この文書が、地域一帯に回付され、その十二日後の十月二十五日に島原の乱が起こっている。原文は読みづらいので、前掲書による解説でこの廻状の

内容を紹介したい。

そこではまず「天人」が地上に下り、「ぜんちよ」（gentio、異教徒）はすべて唯一神デウスから火の「ぜいちよ」（juizo、審判）が下されることになったと述べられ、誰でもキリシタンになったものは自分達のもとに馳せ参じよ、特に村々の庄屋や乙名（著者註：長老、村の有力者のこと）は馳せ参じよ、との要請がなされている。さらに「天草四郎様」という人は「天人」であること、たとえ「異教徒」の僧侶であろうとキリシタンに改宗したものはデウスの審判から許されるが、キリシタンに改宗しない者は、デウスから「いんへるの」（inferno、地獄）に堕されると宣言している。要するに、「天人」が来臨し、デウスの審判が行われることになったから、キリシタンになって馳せ参じよ、というわけである。

（同書　p１８２）

キリスト教の世界では、この世の終末に近くなると主イエス・キリストが再臨して、異教徒が裁かれて地獄に堕ち、キリスト教徒は天に導かれて神の国を確立するという信仰があるようだ。

熱心なキリシタン大名が統治する時代が長かった島原や天草の人々は、領主が代わってキリスト教の棄教を迫られ、多くの仲間を「殉教」で失い、さらに不作であるにもかかわらず過酷な課税をかけられて生活が苦しかったために、「この世の終末」が近づいてきていると感じていた。

ゆえに、キリストが再臨してキリスト教徒が救われるとの話に、飛び付きたくなるような心理的状況にあったことは充分に理解できる。小西行長らの遺臣たちは、キリスト教のこの「最後の審判」の教義を用いれば、多くの農民たちをキリシタンに立ち帰らせることが可能と考えたのではないだろうか。

さらに、島原の乱が起こる二十六年前に追放されたイエズス会のマルコス神父が、日本を離れる際に残した予言があったことも紹介されている。

その預言書には、二六年後、すなわち乱の起こった年に必ず「善人」が生まれ、その者は習わないで字が読めるものである。天にも徴《しるし》が現れ、人々の頭に「くるす」（十字架）が立ち、雲が焼け、木に饅頭がなり、人々の住居を始め野も山も皆焼けるだろう、というものであった（『山田右衛門作口書写』）。人々はこの予言にある「善人」

とは天草四郎すなわち益田四郎であり、彼は「天の使い」に違いないと信じたと言う（同上）。一揆勢が、日本人風の感覚にはない、むしろユダヤ教やキリスト教を思わせるような強い終末観に囚われていたことが知られる。

事実天草四郎（益田四郎）については、この時期不思議な噂が立っていた。島原の町役人であった杢左衛門の証言では、このころ大矢野村の益田四郎はわずか一六歳で近国でも評判になっていた。稽古なしに読書をし、経典の講釈を行い、やがてキリシタンの世になる、と人々に改宗を勧めた。そればかりか証拠を見せようと、飛んでいる鳩を手の上に招き寄せて卵を生ませ、その卵を割ってキリシタンの経文を取り出して見せたり、さまざまな奇跡を行い、果ては島原と天草の間にある湯島という島まで海上を歩いて渡って見せたという（『別当杢左衛門覚書』）。（同書 p183～184）

天草四郎は関ヶ原の戦いに敗れて斬首された小西行長の遺臣・益田甚兵衛の子として、母の実家のある天草諸島の大矢野島（現・熊本県上天草市）で生まれたとされている。益田家は小西氏滅亡の後、浪人百姓として一家で宇土に居住していたという。この人物を「天の使い」とする噂を広めたのは、島原の乱を主導した、小西行長の旧臣たちではなかったか。

この世の終末にイエス・キリストの再臨を信じる人々にとっては、表面的にせよ異教徒であり続けることは、自分自身が裁かれて地獄に墜ちてしまうことになる。そして、この「最後の審判」の後は、「異教徒」はこの世にいなくなり、キリシタンだけの世の中に生まれ変わることになる。

『じゅわん廻状』には、天草四郎は「天人」であり、その前でキリスト教に改宗を誓えばデウスの審判で天国に行くことが出来ると書かれており、何としてでも元のキリスト教信者に戻りたいと願っていた彼らは、天草四郎に付いていこうとした。かくして彼らは一斉にキリスト教徒に立ち帰ることとなり、「天の使い」である天草四郎が異教や異教徒を撲滅する審判に協力するために、寺社に火を点けたり僧侶や神官を殺害したものと考えられる。

島原の乱の一揆勢は原城に籠城して、どこの支援を待ち続けたのか

さて、一揆勢の蜂起は島原藩の予測をはるかに超えて広がっていった。翌十月二十六日の早朝にはさらに七ヵ村の立ち帰ったキリシタンたちが蜂起し、一揆勢に押されて島原藩の軍勢は島原城に籠城したという。

一方、島原の蜂起を聞いた数日後に、天草地方でも多くの住民がキリシタンに立ち帰って蜂起している。天草四郎を戴いた一揆軍は十一月十四日の本渡の戦いで富岡城代の三宅重利を討ち取り、さらに唐津藩兵が籠る富岡城を攻撃し、落城寸前まで追い詰めたという。しかしながら、九州諸藩の討伐軍が近づいていることを知って島原半島に移動し、島原領民の旧主有馬家の居城で廃城となっていた原城に籠城している。

この原城で島原と天草の一揆勢が合流したのだが、幕府側の記録では三万七千人ほどの勢力が、大量の鉄砲と弾薬を保有してこの場所に立て籠ったのである。

幕府は御書院番頭であった板倉重昌を派遣し、重昌は九州諸藩による討伐軍を率いて原城を包囲して、十二月十日、二十日に総攻撃を行ったのだが、城の守りは固かった。そし

て寛永十五年（一六三八年）一月一日に再度攻撃を試みるも失敗に終わり、総大将の板倉重昌は一揆勢から鉄砲の直撃を受けて戦死している。

さらに幕府は討伐上使として老中・松平信綱らを派遣し、西国諸侯の増援を得て十二万以上の軍勢で、陸と海から原城を完全に包囲し、兵糧攻めでじっと勝機を待つこととした。その際、松平信綱は籠城する一揆勢に対して、このたびの反乱の意図を問い質している。

原城に籠城する一揆に対して幕府総大将の松平信綱は、なぜ籠城して幕府軍に反抗するのか、その理由を矢文で問い質し、「天下」すなわち将軍への遺恨によるのか、それとも「長門守」すなわち島原藩主松倉勝家への遺恨によるのか、もし謂われのある遺恨であれば和談するにやぶさかではない、と宣言した（『新撰御家譜』正月中旬松平信綱矢文）。これに対して城中から回答があり、「上様」へも「松倉殿」へも遺恨はない、「宗門」のことで籠城しているのであり、「宗門」を認めてほしい、との回答があったという（『新撰御家譜』正月十四日堀江勘兵衛書状）。原城からの一揆の矢文とされるものがいくつか伝わっているがどれも「宗門」すなわち信仰を認めてほしいとの要求で一致している。

そのうちの一つは次のように述べている。「現世のことについては、我々は『天下様』（将軍）に背くつもりはありません。もし謀反人などが出た場合には、討伐軍の一手はキリシタンにお任せ下さい。一命を軽んじてご奉公申し上げることを『天主』（デウス）に誓います。しかし『後生の一大事』については、天使様の御命令を守ります」と（『新撰御家譜』正月十九日城中矢文）。（同書 p192〜193）

キリシタンたちの予想を超える大規模な反乱に対し、長崎奉行はオランダ商館長のクーケバッケルに船砲五門を陸揚げして幕府軍に提供させ、さらにデ・ライプ号とベッテン号を島原に派遣させて、海から城内に艦砲射撃を行っている。

しかし、キリスト教国であるオランダが、なぜキリシタンの反乱を鎮圧する幕府側に協力したのであろうか。

歴史学者の服部英雄氏は「原城の戦いを考え直す―新視点からの新構図―」で次のように解説している。この論文はネットでも公開されている。

オランダは旧教国スペイン（イスパニア）領の一部だったが、新教の信者が多く、旧教スペインによる宗教弾圧を嫌い、独立しようとした。独立戦争、八〇年戦争である。一五八一年にオランダが独立宣言をし、一五八八年のスペイン無敵艦隊の敗北を経て、一六〇九年のオランダの実質的な独立を経たのちも、なお戦争状態にあった。互いを「不倶戴天の敵」と認識し（『オランダ商館日記』一六三八年九月五日条）、島原の乱のさなかに該当する一六三八年の二月五日（西暦）には、ゴア沖でポルトガル艦隊とオランダ艦隊が海戦し、双方の船が炎上した（『同上』一六三八年七月一〇日条）。こうした状況下、オランダ側が幕府と結びついた。一方、対抗してポルトガル・スペイン側が反幕府勢力キリシタンと結びつく。そうした図式が当然ありえた。

オランダが原城のキリシタンを攻撃することは、ポルトガルを攻撃することと同じである。幕府＝オランダ、一揆＝ポルトガルという軍事同盟の構図がみえてくる。実際に幕府は一揆の背後にカレウタ（ポルトガル）船がおり、カレウタ船の背後に一揆があると警戒していた。

（九州大学学術情報リポジトリ「歴史を読み解く：さまざまな史料と視角」ｐ１９５）

島原・天草で蜂起したキリシタンたちが原城跡に籠城したということは、常識的に考えて、どこかの勢力の支援を待つということである。
同論文には、原城の発掘調査でイエズス会のロヨラやザビエルの像が描かれたメダイ（メダル）が発掘されたことや、一揆方の鬨《とき》の声はポルトガルの戦士と同じ「サンティアーゴ！」であったことが紹介されている（p194～195）。
松平信綱がオランダ船の砲撃を要請した経緯等について、信綱自身の発言が残されている。

拙者が異国船を呼び寄せたのは、一揆の指導者たちが、我々は「南蛮国」と通じているのでやがて「南蛮」から援軍がやってくる、などといって百姓を騙しているから、その「異国人」（つまりオランダ）に砲撃させれば、「南蛮国」さえあの通りではないかと百姓も合点が行き、宗旨の嘘に気がつくのではないか、と思ったからであり、日本の恥になるなど思いも寄らなかった。

（神田千里『島原の乱』中公新書　p176～177）

江戸幕府は、一揆勢の背後にはポルトガルがいると考えたのだろう。島原の乱の頃はポルトガルとオランダの両国は交戦中であったので、江戸幕府はオランダなら協力要請に応じてくれるという計算をしていたと思われる。
百姓たちにとってはポルトガル人もオランダ人も同じ「南蛮人」なので区別がつかないと思われ、オランダの艦船から原城を砲撃させることは、一揆勢に対して大きな心理的打撃を与えることになると松平信綱は考えたようだ。そして、それなりの効果があったと思われる。

実際にポルトガルやイエズス会、あるいはスペインが背後でどう動いたかについては、具体的な記録がないのでよくわからないのだが、少なくとも幕府はかなり早い時期から、島原の乱の背後に外国勢力やそれにつながる日本人キリシタンが存在し、その連携によりこの乱が全国に広がることを怖れていたようだ。

例えば幕府は、十一月十三日に山形藩主保科正之、庄内藩主酒井忠当《ただまさ》、四国松山藩主松平定行、今治藩主松平定房ら奥羽や四国の諸大名に国元への帰国を命じている。その理由は「天草蜂起による不慮に備える」ためであったというが、いずれもキリシタンの多い地域である。

特に警戒されたのはキリシタンの多い長崎で、中心に出島があり、ポルトガル商館があった。幕府方はかなりの兵力を割いて、日見峠など長崎につながる場所の警戒に当たったようだが、蜂起の直後に一揆の指導者の一部が戦列を離れ、商売人等に変装して、長崎に行っていた記録や、全国のキリシタンに蜂起を促そうとした記録があるという。

前掲の服部英雄氏の論考には次のように解説されている。

一揆方は原城の城内から「国々のきりしたんにおこり候へ」と、次々に使者を派遣した。そう記録されている（二月三日松野織部ら三名書状、『綿考輯録』五—四三〇頁）。肥後・肥前・中国・四国・畿内・出羽・陸奥。日本国内はいまだにキリシタンは多く、天草、島原に続き、いつどこでキリシタン一揆が起きてもおかしくはなかった。そして一揆の側は必死で各地のキリシタンに蜂起を働きかけた。キリシタンは商売人、出家、山伏、「はかせ」の姿をして隣国に潜るといわれていた（薩藩旧記雑録・十二月二十二日島津久賀ら書状、『原史料で綴る天草・島原の乱』〇二三八～九）。「はかせ」は陰陽師、被差別民である。

（「歴史を読み解く：さまざまな史料と視角」　ｐ１９０）

また、オランダ船レイプ号が有馬に到着した際に、幕府の作戦本部の司令塔であった上使戸田左門は、オランダ商館長に対しマニラ攻略の可能性を問いただしたという記録があるのだそうだ。

マニラはスペインの拠点であるルソン島にあるが、幕府は、スペインの拠点を叩きたいと考えていたことは前章で述べたとおりである。

幕府は、ポルトガルあるいはスペインが島原に援軍を差し向けることを警戒していたようだが、当時の船の推進力は「風」のみであり、季節が冬であれば、長崎からマカオに行くことはできても、逆はできない。一揆勢が援軍を期待するには、春以降まで待つ必要があった。もし一揆勢がもう少し持ちこたえていたら、外国勢力を巻き込んでもっと大規模な戦いになっていてもおかしくなかったのである。

島原の乱の一揆勢は、大量の鉄砲と弾薬をどうやって調達したのか

島原の乱において、「一揆勢」が原城に籠城して三ヵ月も持ちこたえることができたの

は、彼らが武器と弾薬を大量に保有していたからなのだが、ではこれらをどうやって調達したのだろうか。

一揆勢の突然の蜂起を鎮圧するだけの兵力がなかったために、島原藩は領民に武器を貸し与えて鎮圧しようとしたのだが、中にはその武器を手にして一揆軍に加わる者もいたという。しかし、それはごく一部である。

通説では、一揆勢が島原藩の倉庫や富岡城から武器や弾薬を奪ったとされているのだが、当初は十分な武器を持たなかったはずの一揆勢が、大量の武器・弾薬を奪うことができるほど、島原藩の武器倉庫が無防備であったとは考えにくい。一揆勢がはじめからかなりの武器・弾薬を用意していた可能性を考えるべきではないだろうか。

第3章で、この時代の宣教師の書簡には、わが国の布教を推進するために、わが国を武力で征服すべきだという内容のものが少なくないことを書いた。

スペイン出身の宣教師ペドロ・デ・ラ・クルスが一五九九年にイエズス会総会長に宛てた書簡には、キリスト教を受け入れた領主だけを支援し、貿易のメリットを与えることによって日本を分裂させれば、九州や四国は容易に奪えると記されている。そして日本に基地を置いてシナを征服するというのだが、少なくとも当時の九州には有力なキリシタン大名が多数いて、その条件は整っていた。驚くべきことに、クルスは島原の乱が起こる三十八年も前から天草に注目しており、ここを拠点として日本から九州を奪えば、キリシタン大名たちがポルトガル人に基地を提供することは確実で、特に小西行長が志岐港を差し出すことは間違いないとまで書いている。

クルスの書簡がその後イエズス会でどのように取り扱われたかは知る由もないが、わが国のキリシタン大名を使ってまずシナを攻めることについては、マニラ司教のサラサールやイエズス会の日本布教長フランシスコ・カブラルが、秀吉の時代からスペイン国王に提案していたことを知るべきである。

そして、シナと朝鮮半島をスペインあるいはポルトガルの植民地とすることに成功すれば、次はわが国が狙われることになることは言うまでもないだろう。

シナを征服するための武力については「日本から調達する以外にありえない」とクルスは断言している。では、彼らはシナに送り込む日本兵および武器・弾薬をどうやって調達するつもりであったのだろうか。

もちろん江戸幕府が彼らに協力することはあり得ない情勢となっていたので、彼らはキリシタン大名に頼らざるを得なかったはずだ。しかしながら、もしキリシタン大名が彼らを支援することに前向きであったとしても、幕府の許可なくしては不可能だし、許可が出るとも思えない。

とすると、スペインあるいはポルトガルは幕府の支配の及ばない地域をわが国の領土の中に確保するしか方法がない。すなわちキリシタン大名が支配する九州の一部をわが国から独立させるか、キリシタン大名の支援を得て、彼らが支配する地域を九州に作らなければ、堂々と日本兵をシナに派兵できないのである。そのためには、どこかの時点で幕府と戦わざるを得ないことになる。

クルスの書簡では、なぜ小西行長の名前が出せたのだろうか。イエズス会と小西行長は、シナの侵略とその協力について相当話を進めていた可能性を感じさせる部分である。

もし彼らが、江戸幕府の支配の及ばない地域を確保し、さらに日本の武力を用いてシナを征服しようとするなら、そのときのために大量の武器・弾薬を隠し持って、秘かに訓練をしていたとは考えられないだろうか。

少し時代は遡るが、天正八年（一五八〇年）に大村純忠はキリシタンを優遇する過程で、領内の長崎の土地（現・長崎港周辺部）と茂木（現・長崎市茂木町）をイエズス会に寄進している。そしてイエズス会東インド管区の巡察師ヴァリニャーノが同年の六月に日本準管区長コエリョに宛てて長崎を軍事拠点とせよという指令を出している。

キリスト教会とパードレたちの裨益と維持のために、通常ポルトガル人たちのナウ船が来航する長崎を十分堅固にし、弾薬、武器、大砲その他必要な諸物資を供給することが非常に重要である。同じく茂木の要塞も、同地のキリスト教徒の主勢力が置かれている大村と高来の間の通路なので、安全にしてよく調えることが大切である。（中略）第一年目の今年は、それらの地を奪い取ろうとする敵たちからの、いかなる激しい攻撃にも堅固であるよう、要塞化するために必要な経費を全額費やすこと。それ以後は、それらの地を一層強化し、大砲その他必要な諸物資を、より多く供給するために、ポルトガル人たちのナウ船が支払うもののなかから毎年一五〇〇ドゥカドを費やすこと。

（高橋裕史『イエズス会の世界戦略』講談社　ｐ２２２）

こうして長崎に築かれたイエズス会の城塞は、天正十六年（一五八八年）に豊臣秀吉が長崎を直轄領にした際に破壊されたと思っていたが、一五九〇年のオルガンティーノの書簡によると「火縄銃や弾薬、その他の武器で有馬の要塞の防御工事を行ない、有馬にはいくつかの砲門があった」とあり、さらにフランシスコ会のサン・マルティン・デ・ラ・アセンシィオンの報告によると、以下のように、長崎は再び軍事要塞化されていたとある。

イエズス会のパードレたちは、この町〔長崎〕を一重、二重もの柵で取り囲み、彼らのカーサの近くに砦を築いた。その砦に彼らは幾門かの大砲を有し、その港〔長崎〕の入り口を守っていた。さらに彼らは一艘のフスタ船を有し、それは幾門かの大砲で武装されていた。（中略）イエズス会のパードレたちは、長崎近辺に有している村落のキリスト教徒たち全員に、三万名の火縄銃兵を整えてやることができた。

（同書　p225〜226）

このような記述を読むと、イエズス会は来たるべき戦いのために、多くの武器弾薬を準備し、長崎近隣の信徒たちに火縄銃の訓練をさせていた可能性を感じざるを得ない。また、島原の乱の乱徒は「三万七千名」とする江戸幕府の記録と、アセンシィオンの報告の「三万名の火縄銃兵」との数字が近いのは偶然ではないのかもしれない。

イエズス会による火縄銃の訓練がいつまで続けられたかは想像するしかないが、江戸幕府がキリスト教の弾圧を強めたくらいで、彼らが諦めて武器・弾薬ごと外国に持ち出したとも思えない。また、もしこのような大量の武器弾薬を江戸幕府が分捕っていたら、それなりの記録があるはずなのだが、そのような記録は存在しないようだ。

私の考えだが、この訓練で用いられていた大量の武器は島原、天草、ポルトガル船などの何ヵ所かに分散して隠されていて、訓練は江戸時代に入ってからも何らかの形で続けられていたのではないだろうか。そう考えないと、島原の乱の一揆勢が島原藩や唐津藩などの正規軍を一時圧倒したことや、幕府討伐軍側の死傷者が八千名以上出たことの説明は困難だと思う。

島原の乱を幕府はどうやって終息させたのか

では江戸幕府は、大量の鉄砲と弾薬を持って立て籠った一揆勢をどうやって鎮圧したのであろうか。

寛永十五年（一六三八年）一月二十一日に、一揆勢から城中の大将分三名を成敗される代わりに、残りの籠城者は助命してほしいとの申し入れがあったのだが、松平信綱ら幕府上使はそれを拒否し、さらに城中から、男子はすべて成敗されてもよいから妻子を助命してほしいとの申し入れをも拒否したことが、『肥前国有馬高求郡一揆籠城之刻日々記』に記録されているそうだ。

さらに二月一日に松平信綱は、熊本藩に逮捕された天草四郎の親族に書かせた手紙を天草四郎の甥・小平に持たせて原城内に派遣し、一揆に対して申し入れを行っている。その手紙の内容が、要約されているので紹介したい。

第一に去年・今年に原城内から逃げ出した「落人」は命を赦され、金銀を与えられ、今年は在所で年貢を免除され、耕作に励んでいること、第二にキリシタン宗旨の者は全員処刑することに決められているが、以前「異教徒」であったのに無理強いにキリシタンにされた者は「上意」により助命するので、「異教徒」を城外に解放すべきこと、ただしキリシタンは殉教を選ぼうと関知しないこと、第三に一時改宗したものの、後悔して今は元の「異教徒」に戻りたいと思っている者もまた、助命すること、第四に天草四郎は、聞くところによればわずか十五、六歳の子供であり、人々を唆《そそのか》した張本人だとは思っていない、もし側近たちが擁立しているだけなら、四郎本人であろうと助命する、との四点である。

（『宗教で読む戦国時代』ｐ１９６）

松平信綱は、キリシタンと異教徒とを区別し、キリシタンは許さないが無理やりキリシタンにされて後悔している者は許すと明言して、一揆勢を分裂させようとしたのである。このような心理戦が功を奏してかなりの者が幕府軍に投降したという。

前掲書では、『池田家・島原陣覚書』に、「正月晦日に水汲みにかこつけて幕府軍に投降した者もおり、この者は、城内には投降を希望する者も多いが、監視が厳しいので投降が出来ないでいると語った」と記されているとあり、また一揆勢に敵対した住民も数多くいて、当初から幕府方に味方したことが記されている。

天草地区でも同様に多くの住民が熊本藩に逃げてきたのだそうだが、このような住民間の対立があった史実は通説には記されていない部分である。

ところで寛永十五年（一六三八年）二月二十一日に、原城から夜襲をかけてきた城兵を幕府兵が討ち取り、松平信綱の命令により城兵の死骸の腹を検分させたところ、海藻を食べていることがわかったという。兵糧攻めの効果が出て、「一揆勢」の食糧が尽きかけていることが明らかになったことから、松平信綱は二月二十八日に総攻撃を決定したのだが、佐賀藩の鍋島勢が抜け駆けをして、予定の前日から総攻撃が開始され、諸大名も続々攻撃に参加した。

兵力的に圧倒的な討伐軍による総攻撃により原城は落城し、天草四郎は討ち取られて、乱は一気に鎮圧に向かった。

しかしながら、この島原の乱における幕府方の犠牲は少なくなかったようだ。

寛永十四年十二月二十日の総攻撃には、城中の手負死人は、十七人であった。［山田右衛門作覚書］これに反して既記の如く立花勢のみでも、重なる士二十八人討死、手負六十九人、雑兵手負合わせて三百八十余人あった。二月二十一日、城中よりの夜襲に際しては、城中の手負死人四百三十人、この内百三十二人は城中に引取った。［山田右衛門作覚書］而して征討軍の損傷は、比較的少なかった。

最後に於ける即ち二月二十七日、二十八日の総攻撃に於ては、諸方の討死千百二十七人、手負七千零八人、合計八千百三十五人であった。［島原天草日記］而してこの役に於ては、牧野伝蔵、馬場三郎左衛門、榊原飛騨守、林丹波、石谷十蔵、松平甚三郎、井上筑後守等、幕府より差遣したる目付その他の負傷者もあった。
（＊『近世日本国民史 第14』 p４３９）

幕府に多くの犠牲が出たのは、一揆勢の鉄砲と弾薬がその原因なのだが、山田右衛門作覚書によると、「城内に鉄砲の数五百三十挺あり、玉薬正月末よりきれ申候間、打ち申さず候。しかしながら、少しは嗜み、二十七日に打ち申し候」（同書　p４３２）とある。弾薬は一月末から節約して、最後の総攻撃となった二月二十七日に再び用いたということだろう。

また米についても正月十日頃より乏しくなってきたとあり、一揆勢が敗北するのは時間の問題であったようだ。

原城を陥落させた総攻撃で、天草四郎を討ち取ったのは肥後熊本藩の細川忠利配下の陳佐左衛門であった。細川勢は二十七日に原城の詰の丸の東端を乗り破り、二十八日に天草四郎の居場所を突き止めている。前掲書に『細川系譜家伝録』が引用されているので紹介したい。

二十八日遅明、忠利出でて焼痕を見る。賊魁四郎廬舎あり。すなわち使を信綱、氏鐵（著者註：幕府軍副使）に遣わして曰く、本丸すでに焦土となる、しかも四郎が廬舎石壁を構うるを以て、未だ焼き尽くさず。即ち今火箭を放たんと欲すと。吉田十右衛門をして、之を射らしめた。陳佐左衛門四郎の首を斬獲す。午刻に及び城悉く平ぐ。諸軍凱歌を唱う。（＊同書　p427）

さて、この天草四郎の首は、見せしめのために晒されたのだが、その場所が興味深い場所なのである。服部英雄氏の前掲の論考にこう記されている。

天草四郎の首はポルトガル商館前に晒された。『オランダ商館日記』一六三八年六月一五日条では「最も主要な人々の首四つは、約四千の他の人々の首とともに長崎に運ばれ、そして（若干は）棒に刺して梟しものにされた」とある。

主要な首四つとは天草四郎とその姉、いとこ渡辺小左衛門、また有家監物である（『長崎志』二六五頁、海老沢有道『天草四郎』、昭和四二年・人物往来社、二三二頁）。その場所については出島橋または大波戸と書かれている（同上、ほか「稿本原城耶蘇乱記」『島原半

島史』五二四頁、「崎陽略記」『長崎古今集覧』）。
（「歴史を読み解く：さまざまな史料と視角」ｐ１９６）

では、なぜ江戸幕府は天草四郎の首を、「出島橋または大波戸」に晒したのだろうか。江戸幕府は一揆の背後に外国勢力があると睨んでいて、原城に籠城した「一揆勢」は外国の援軍を待っていると考えていたと思われる。
服部氏は、その外国勢力はポルトガルであったとし、こう解説している。

首謀者たちの腐敗した首が、長崎大波戸の出島橋、すなわちポルトガル商館の前に晒された。この橋を渡る人間はポルトガル商館出入りの者のみだ。くわえてここは西坂のような獄門場ではない。すさまじく、重苦しい示威だった。敵対国への強烈な見せしめだった。

そしていわゆる『鎖国』へ。ポルトガルは日本から放逐される。いっぽうオランダは出島という場所に制限はされたが、通商が許された。もし『鎖国』（海禁）がキリスト教の布教を恐れての措置だけだったのなら、明らかにキリスト教国であるオランダとの貿易は許されるはずはない。

（中略）もっとも重要視されたのはオランダのもつ、対ポルトガル・軍事同盟者としての役割だった。オランダは明らかにキリスト教国であるにも関わらず、ポルトガルを排除し得る武力として、通商が許された。

（同書　p196〜197）

この島原の乱を契機として、江戸幕府はポルトガルと国交を断絶することとなり、寛永十八年（一六四一年）にキリスト教の布教を行わないことを条件に、オランダ商館やオランダ人を出島に強制的に移転させ、西欧諸国の中ではオランダ一国にのみ通商を許す時代が長らく続くことになるのである。

江戸幕府は、オランダがスペインやポルトガルと対抗関係にあることを利用して、スペイン、ポルトガル両国とキリスト教勢力を追い出したわけである。

オランダが原城に向かって艦砲射撃を行ったことは前に書いたが、オランダという新興国の「武力」を用い、微妙なバランスでわが国の独立を維持しようとした江戸時代の初期の外交政策は、もう少し評価されてもよいのではないかと私は考えている。

島原の乱の後も、わが国との貿易再開を諦めなかったポルトガル

実際に島原の乱の一揆勢がどこの外国勢力とつながっていたかどうかについては、ポルトガル側には決定的な史料はないようなのだが、江戸幕府がそう判断していたことが重要である。

宗教に限らず思想についても言えることなのだが、特定地域の住民の多くが外国勢力に強く憧れを持ち、自国がその勢力に征服されたほうがよいと考えるほど洗脳されていたとした場合、もしその外国勢力にわが国を侵略する意思があれば、その地域を橋頭堡として占領地を拡大していくことを考えるであろう。

ポルトガルについては、スペインのように、わが国を侵略する意図が疑われるような行動をとったことがほとんどなく、はじめのうちは江戸幕府もそれほど警戒していなかった。

しかし、元和九年（一六二三年）にポルトガル船が宣教師を入国させようとしたことが発覚し、その船の大捜索が行われて一切の文書が開封され、キリスト教に関係する書類や十字架などがことごとく海中に投ぜられたという事件があった。

その後幕府は長崎に出島を造らせ、寛永十三年（一六三六年）五月以降はポルトガル人をこの島に隔離し、ポルトガル人が出島に架かる橋を渡るのは、年二回に限るとして管理を強めたのである。

その翌年に島原の乱が起こり、ポルトガル人は賊徒に援助を与えたとの嫌疑により、寛永十六年（一六三九年）にすべての通商を禁止されるに至ったのであるが、幕府がポルトガルを疑ったことは果たして正しかったのだろうか。

もしオランダが、ポルトガルに代わってわが国との交易を独占することを狙っていたとしたら、オランダが、一揆勢の背後にポルトガルがいるということを幕府に伝えて、日本との交易を制限させることを工作したとも考えられるのである。その場合、オランダが幕府に伝えた情報がもし嘘であったなら、ポルトガルは濡れ衣を着せられただけだったということになる。

いずれにせよ、島原の乱ののちに江戸幕府が、百年近く続いた自国との交易を急に制限しようとしたことについて、ポルトガル人は納得できなかったようだ。

特にポルトガルの拠点であったマカオは、わが国との貿易で繁栄していて、わが国との交易が禁止されると経済的に大打撃を蒙ることが確実であった。

徳富蘇峰はこう解説している。

ここに於てマカオに於ては、その驚愕大方ならず、如何にしてこの禁令の解除を請うべきかと評定し。一切貨物を積み込まず、単に使節の船として、四人の重なる使節に、立派なる献上品を携帯せしめ、日本に送ることとした。最近未だポルトガル船から、宣教師を日本に送った事実なく、また島原賊徒に与したる事実なく、しかもマカオと、日本の通商断絶は、マカオのためのみならず、日本のためにも不利益なるを、陳情すべく派遣した。

（＊『近世日本国民史 第14』 p270）

ポルトガルの使節は、寛永十七年（一六四〇年）に長崎に到着したのだが、日本の警備船がその船を取り囲み、一切の船具、武器などは取り去られ、使節のメンバーはほとんどが出島に監禁されたのち、将軍の命令により彼らを使節としては扱わず、十三人をマカオに帰して、残りの六十一人は全員が斬首されたという。

ところが、こんな事件があったにもかかわらず、ポルトガルはわが国との交易再開を諦めなかったのである。たまたま使節のメンバーが長崎で処刑された寛永十七年（一六四〇年）に、本国で大きな動きがあった。

ポルトガルは一五八〇年以来スペインに併合されていたのだが、スペインのフェリペ四世は増大する戦費の調達のためポルトガル商人に重税を課し、ポルトガル貴族から権力を奪い、またポルトガルの軍隊を相次ぐスペインの対外戦争に駆り出したことから、ポルトガル人の間にスペインに対する反感が広がっていったという。

そしてわが国で島原の乱が起きた一六三七年に、ついにポルトガルの各都市で反乱が起き、一六四〇年のカタルーニャの反乱をきっかけにポルトガルはスペインからの独立を果たし、ブラガンザ公がジョアン四世としてポルトガル王に就任しているのである。

ポルトガルがスペインから独立したとのニュースがマカオにも到達し、ポルトガル人は再びわが国に使節を送り込んでいる。再び蘇峰の解説を引用する。


この報がマカオに著するや、彼等の元老等はこれがために、一たび断絶せられたる日本との通交が、恢復《かいふく》せられ得べしと考え。直ちにポルトガル王に使節を送りて、その即位を賀し、マカオ市民の忠誠を致し、而して日本との通商の、重要なるを具申し、リスボン（ポルトガルの首府）から、特使を日本に派遣せられんこと、を請願した。

この請願は聞き入れられ、前回マカオの使節が、極刑に処せられたる苦き経験あるにもかかわらず、リスボンから二艘のポルトガル船は、使節を乗せて、一六四七年（正保四年）七月十六日（西暦）長崎に入港した。その使節の使命の要領は、従来ポルトガルは、スペイン王に併治せられたが、今や全く別王に支配せらるることとなった。さればスペインの野心に対して鎖国し、ひいてポルトガルに及んだのは、致し方なしとするも、今日になりては、その事情全く変更したれば、改めてポルトガルとは通商を恢復せられたしと云うに、外ならなかった。（＊同書　p２７４～２７５）

しかし、幕府はこのポルトガル船を、九州大名から徴発した五万人にて包囲させて、追い払っている。

幕府はポルトガルがキリスト教を布教することにより、わが国を侵略する意図があることを疑っていたわけだが、その根拠が「ころび候南蛮伴天連この地に於いて白状」したことにあると、幕府から長崎奉行に渡された奉書に記されている。この棄教した「南蛮伴天連」が誰であるかは今となっては知る由もないが、これまでポルトガルが独占していたわが国との貿易は、幕末における開国まで、二百年以上閉ざされることとなるのである。

島原の乱の前後で、幕府がオランダに対しても強気で交渉できたのはなぜか

島原の乱の苦い経験によほど懲りたのであろう。江戸幕府は、島原の乱平定の後、相次いで訓令を下している。

まず寛永十五年（一六三八年）五月二日に五百石以上の軍船の製造が禁じられ、九月二十日には、キリスト教の信仰を棄てない者を告発した者に褒美を与えて衆人環視させようとしたのだが、それでも充分ではないとして、寛永十六年（一六三九年）七月五日には、ポルトガル船の入港を禁止している。

江戸幕府は、すべての国との交易を閉ざしたのではなく、オランダと中国とはキリスト教の布教につながる宣教師などの渡来が厳禁され、それに違反する行為の密告を奨励してその取締りの徹底を期して交易を許していた。

中国はともかくとして、オランダもキリスト教を奉じる国であり、一五六八年から一六四八年にかけて宗主国スペインとの間で独立戦争を戦いつつ、東インドに進出してポルトガルから香辛料貿易を奪い、一六二四年には台湾島を占領するなど植民地を拡大していっ

た国である。

なぜ江戸幕府は、危険な国であったはずのオランダとの交易を許したのかと誰でも疑問に感じるところだろう。だが、江戸幕府は島原の乱の直前にオランダとの外交交渉で勝利していることを知って納得した。

一六二四年にオランダが台湾島を占領し、台南の安平《アンピン》をタイオワンと呼び始め、タイオワンに寄港する外国船にいきなり十パーセントの関税をかけ始めた。その港はそれまで朱印船貿易の台湾における拠点であったのだが、いきなりの課税に日本商人が反発し、これ以降日本とオランダとの台湾における敵対関係がエスカレートし、タイオワン事件（ノイツ事件）が起きることになる。

この事件のことは戦前には教科書『＊初等科国語第三（文部省 昭和17年 p109～121）』をはじめ数多くの書物に紹介されているのだが、戦後ではこの史実がほとんど知らされていないのではないだろうか。菊池寛の『＊海外に雄飛した人々（新潮社 昭和16年 p125～141）』、徳富蘇峰『＊近世日本国民史第14（民友社 昭和10年 p231～241）』などを参考にこの事件のことをまとめておこう。

新参者のオランダに対しわが国の朱印船はその関税支払いを拒否したことから、寛永二年（一六二五年）には初代台湾総督ソンクが千五百斤の生糸を日本人から没収するなど様々なトラブルが起こった。オランダは寛永四年（一六二七年）六月十二日に第三代台湾総督のペーテル・ノイツを特使として日本に向かわせて、台湾を占領した事情を徳川幕府に説明し、幕府から日本商船の台湾渡航を一時禁止してもらおうとした。

それを知った朱印船船長の浜田弥兵衛《やひょうえ》が先に日本に戻り、オランダ人の無法な仕打ちを長崎奉行や江戸幕府に訴えたことから、ノイツらは将軍との謁見も許されず、早々に日本を立ち去ることを命じられている。ノイツらオランダ人の弥兵衛に対する怒りは相当なものであったという。

一方、寛永五年（一六二八年）に浜田弥兵衛を船長とする船が台湾に着くと、船の荷物はオランダ人に没収された上、弥兵衛や船員は謀反人として捕えられてしまう。ところが弥兵衛は十数人の部下と共に、ノイツ総督の部屋を訪ねて武器の返還と出航の許可を求めに行き、断られたタイミングでノイツに飛びかかり素早く剣を抜き、ノイツを捕縛することに成功する。

この日から六日間、ノイツは縛られたまま弥兵衛たちと交渉を続け、没収した商品の返却と、日蘭両国がそれぞれ人質を出して、相手の人質を乗せて両国の船がともに日本に向かい日本到着後に人質を釈放することで六月三日に和解が成立した。ところが無事に両国の船が長崎に着くと、今度は江戸幕府が長崎奉行に命じてオランダ船の人質を監禁し、大砲などの武器を取り上げたばかりではなく、平戸にあったオランダ商館の帳場を閉じ、オランダ人の商売を禁じた上、その後入港してきたオランダ船まで取り押さえてしまったのである。

日本側の怒りを鎮めるために寛永九年（一六三二年）にノイツ総督が派遣されて、オランダの人質が解放され、オランダとの貿易も再開されたのだが、このノイツは牢に入れられ、解放されたのはなんと寛永十三年（一六三六年）と、島原の乱の前年である。この年に日光東照宮の社殿が落成し、その式典にオランダのバタビア総督から日光廟に青銅製の大燭台（オランダ灯籠《とうろう》）やそのほかの珍しい唐物の献上があったのを機会に、江戸幕府はノイツを牢から放してやり、この事件はようやく解決したのである。

この事件の経緯を知ると、江戸幕府がオランダに対し、外交交渉で決して負けていなかったことが理解できる。島原の乱でオランダが、一揆勢が籠城している原城に向かって艦砲射撃を行って幕府に協力したことは、タイオワン事件で幕府がオランダとの間で優位に交渉を進めたことと無関係であるとは思えないのだ。

西洋諸国の中で、オランダにだけわが国との貿易を許した江戸幕府だが、そのオランダに対してもかなり強気の交渉を行っていたことが当時の記録を読めばわかる。

徳富蘇峰の前掲書にはこう解説されている。

松平信綱は、島原よりの凱旋の途次、平戸に立ち寄り、オランダ商館を視察し、その宏壮城郭の如きを見て、すこぶる戒心する所あった。けだし平戸に於けるオランダ商館は、慶長十七年に第一回の建築を了し、元和二年には、倉庫一棟、及び埠頭を増築し、また商館を去る約一マイルの所に、木材貯蔵用の藁葺家屋を建築し、元和四年には、領主松浦氏の許可を得て、附近の家屋五十余戸を破壊し、本館を増築し、倉庫二棟、及び石造の火薬庫、病室、その他に充つべき家屋数戸を建築し、石塀をもてこれを囲んだ。その宏壮偉麗であったことは、英国商館長コックスが、驚嘆した程でわかる。

しかるにオランダ人は、これに満足せず、寛永十四年、同十六年には、更らに間口百五十二フィート半、奥行四十五フィート、高さ二十四フィートの倉庫を増築した。されば当時の記録に、『家蔵を建て、或は二階、三階を揚げて、内には金銀珠玉を飾り、蔵は切石を以て畳み上げ、つまりつまりに塀をかけ、その美々たる有様、奢の至り、往還の人見るに目を驚かし、聞くにまして夥し。』と評したのは、理りあることだ。

（＊『近世日本国民史 第14』ｐ４５８～４５９）

平戸オランダ商館の跡地は国指定史跡となっていて、一六三九年に建築された倉庫が復元されているが、当時はもっと多くの建物があり、広大な敷地に建てられた城郭のような有様であったという。そして江戸幕府は、オランダに命じてこの大規模で建てられたばかりの倉庫を、破壊させているのである。江戸幕府はどのような交渉を行ったのだろうか。

この寛永十四年――十六年に建築したる倉庫前面の破風に、会社の徽章を刻して、その左右に、耶蘇紀元（著者註：西暦のこと）の年号を割りて彫りたることが、幕府の咎める所となった。すなわち寛永十七年九月二十五日（一六四〇年十一月八日）井上筑後守は、長崎奉行柘植平右衛門とともに平戸に来り、翌日商館長以下重要館員を城内に召喚し、蘭人が幕府の禁令を顧みず、耶蘇生誕の年号を、倉庫の前面に彫刻するを咎め、爾後日曜日を守り、宗教の儀式を行うを禁じ、耶蘇教の年号を掲げたる倉庫は、北の新築倉庫をはじめとして、悉くこれを破壊すべきを命じた。日本の事情に通じたる当時のオランダ館長カロンは、直ちにその命を遵奉し、入港中の蘭船乗組員二百人を上陸せしめ、さらに約同数の日本人を使役し、即日倉庫の荷物を他に移し、破壊に着手し、五日にしてこれを終った。（＊同書　p459～460）

もしオランダ商館長のカロンが、倉庫破壊にすぐに応じていなければ、オランダ人もポルトガルと同様に国外退去を命じられていたのではないだろうか。井上筑後守は、オランダが倉庫破壊に応じない場合は、威力を以てこれを強行する準備をしていたという。

しかしオランダは倉庫破壊に応じたものの、これから先日本との交易がどうなるかについては江戸幕府からの回答を長い間待たなければならなかった。

カロンに代わってオランダ商館長となったル・メールが、寛永十八年（一六四一年）四月二日に江戸に呼ばれて徳川将軍家光に謁見したのち、老中から将軍の命を伝えられていることが徳川実紀（『大猷院殿御実紀　巻四十六』）に残されており、徳富蘇峰の前掲書に引用されている。

四月二日。オランダ人二人拝し奉る。よて老臣井上筑後守政重仰を伝う。蘭船この後長崎に着船互市すべし。天主教の徒、他の蛮船に乗り来る事ありて、これを知らば、速に訴え出べし。若し匿し置て後日露わるるに於ては、蘭船も通商を禁断せらるべしとなり。訳官これを伝えしかば、オランダ人この後固く国禁を守り奉るべき由申して退く。

（＊同書　ｐ４６２～４６３）

とは言いながら、オランダは従来どおりの活動が許されたわけではなかった。江戸幕府は、オランダ商館員以外のオランダ人はことごとくジャワに放逐したのち、寛永十八年（一六四一年）五月四日に商館員の一部を長崎に送り、六月十七日には全員平戸を引き揚げさせ、狭い出島に閉じ込めたのである。

オランダ人はポルトガル人の後を襲いで、大いにその力を伸ぶる望みを懐いたであろう。しかも事実は全くポルトガル同様、出島に閉じ籠められた。出島は扇の地形にて、東西各三十五間余、陸に接したる北側九十六間余、南側百十八間余にて、総坪数三千九百余坪に過ぎぬ。（中略）島内には、商館長以下の住宅、乙名部屋、通詞部屋、札場、

検使場、倉庫、番所等六十五軒の建物があり、また遊園を設け、牛、羊、豚等を飼養している。（＊同書　p466）

こんな狭い出島に閉じ込められた上に、オランダ人には自由がなかった。出島の入口にはこのような制札が建てられていたという。

禁制　　出島町
一　傾城（著者注：遊女）の外《ほか》女入る事。
一　高野ひじりの外出家山伏入る事。
一　諸勧進（著者注：仏教の僧侶が寺社の修理のために必要な寄付を募ること）並びに乞食入る事。
一　出島廻り榜示杭より内、船乗り込む事。附り橋の下船乗り通る事。
一　故なくしてオランダ人出島より出る事。
右の條々これ相守るべきものなり。（＊同書　p468〜469）

出島には日本人の公用以外の出入りも禁止されており、日本人と話すこともままならなかったという。寛永十九年（一六四二年）にはオランダ東インド会社総督より老中にあてて待遇の改善を嘆訴したようだが、幕府は応じようとしなかったそうだ。

オランダ人にとっては、無条件に幕府に従うか、ポルトガルのように追放されるかのどちらかしか選択肢は存在しなかったことになる。

今のわが国は、政治家も官僚も近隣諸国に振り回されているのが現状だ。しかし徳川幕府は、十七世紀初頭以来東インドを侵略してポルトガルから香辛料貿易を奪って黄金時代を迎えていた強国オランダを、長い間コントロール下に置いていた。そのことはもっと広く知られるべきだと思う。

第6章

「鎖国」とは何であったのか?

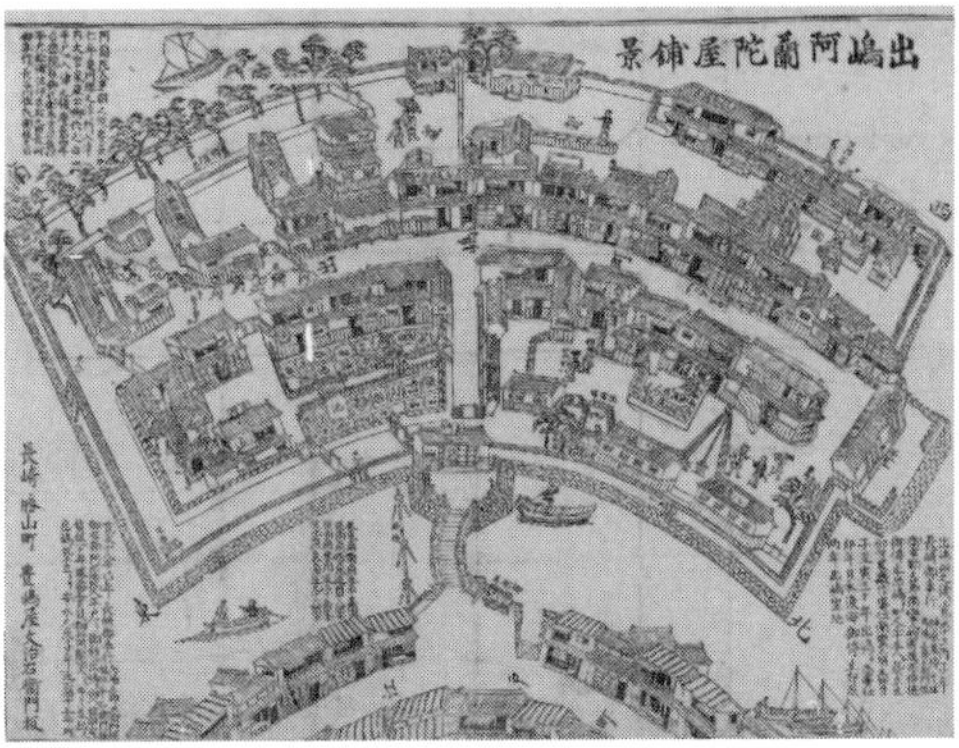

「出島阿蘭陀屋舗景図」市博美術工芸資料 版(長崎)54
(長崎歴史文化博物館)

ポルトガルと断交した後になぜ海外貿易高は増加したのか

ほとんどの世代で、わが国は、ポルトガルと断交した寛永十六年（一六三九年）以降、長い間「鎖国」したと学校で習ったことだろう。しかしながら江戸幕府は、「鎖国令」という布令を実際に出してはおらず、中国・オランダと朝鮮・琉球との貿易は行われていた。後世の歴史家が外国との貿易を制限した幕府の政策を「鎖国」と名づけ、江戸幕末期に「開国」か「攘夷」かで国論が割れた時期に「鎖国」という言葉が広まったにすぎない。
西尾幹二氏は著書で、こう指摘している。

第一「鎖国」という言葉が当時存在しなかった。幕府は「寛永十年の令」「寛永十六年の令」といった渡航禁止令や蛮族打ち払いの令を出しただけである。しかも、これら政策の立案者にも、実行者にも、国を閉ざすという意識がまったくといっていいほどなかった。「寛永の令」は国を閉ざしたのではなく、ポルトガルとの断交を意味したにすぎない。

そんなことは江戸時代史を学ぶ学者ならみな当然知っていることであり、知らなくてはならないことではないか。それなのに教科書から専門書に至るまで無反省に「鎖国」という文字を濫用するのはなんという学問上の思慮の欠落であろう。まず幕藩体制について「鎖国」という用語を日本のすべての歴史書からことごとく追放することを提言したい。

（中略）幕府がキリシタン禁止令を決めたこと、貿易を一手に国家統制下においたこと、日本人の海外渡航の自由を禁じたこと――これらの事実は間違いなくあった。しかしそれは当時、「鎖国」という言葉では表現されてはいなかった。それらの事象が意味するものは日本の〝守り〟であると同時に〝余裕〟である。幕府が海外交渉のあるべきかたちを求めつづけ、必要とみて断固実施した外交政策上の積極的な表現にほかならなかった。外国の怪しげな諸勢力が侵入するのを拒絶する自由独立の意志の表現であると同時に、十七―十八世紀にかけて主権国家体制をとり始めた西欧各国と歩調を合わせ、日本が統一国家としての体制を確立せんとしていた証拠である。

（西尾幹二『国民の歴史』産経新聞ニュースサービス　p402～403）

もしわが国が、家光の時代に外国との貿易を厳しく制限していたのなら、その後の貿易高は大幅に減らなければおかしいところだ。しかし「鎖国令」の後も、わが国の海外貿易は活発に行われていたのである。

大正八年に出版された内田銀蔵『近世の日本』に、「鎖国令」が出された後にわが国がどのような交易を行っていたかが記されている。

所謂《いわゆる》鎖国後に於きましても、引き続いて日本に来ることを許されておりましたオランダ人及び支那人に対して、直に貿易の額を制限するとか、渡航船の船数を限るとか云うことはしなかったのであります。所謂寛永の鎖国には、経済上の理由と云うものはない。その故に所謂鎖国後しばらくの間は、長崎に於きまして、オランダ人及び支那人の商売は中々盛に行われて居ったのであります。その貿易に制限を置く様になりましたのはその後この方から向うにやります品物の欠乏を告ぐることになり、それから致しまして、貿易の額を限定し、或は渡航船の数を限ると云うことになったのである。

即ちそれはやや後のことであって、寛永から直にそう云う様な制限を附した訳ではない。

尚、この貿易の事に就きまして、簡単に申して見ますと、当時支那人はすでに南洋方面にすこぶる移住して居りまして、東南アジアの各地に於いて盛に商売をして居った。この東南アジアの方に参って居った支那人は、やはり支那人として船を長崎に寄越して商売をすることを許されて居た。その故に実は支那と通商関係を保ったと云うことによりまして、日本は或る程度まで東南アジア一帯の地と経済上の関係を持って居ったのであります。彼等支那人は支那本土の貨物、並に東南アジアの産物を色々持て参りました。次にオランダ人は買継をしますことがすこぶる得意でありまして、彼等は決してオランダ本国のものだけを持て参ったのではない。アジアの各地の産物を持て、日本に来たことであります。西洋の貨物も、オランダ以外で作った品をも持参したのである。

（＊内田銀蔵『近世の日本』冨山房、大正8年　p84～86）

寛永十六年（一六三九年）に江戸幕府がポルトガル船の入港を禁止して以降、朝鮮・琉球以外で日本に来る外国船はオランダ船と中国船だけとなったのだが、その二国に関しては貿易の額や渡航船に関する制限はなく、わが国に西洋や東南アジアの産物が大量に運ばれてきて、盛んに交易がなされていたのである。

当時の主な輸入品は、木綿、生糸、絹織物、砂糖、茶、香辛料、陶磁器などで、これらの商品をわが国は主に金、銀、銅で購ったのだが、わが国の対外貿易高は、意外にも「鎖国」を断行した以降のほうが増加しているのである。大石慎三郎『江戸時代』には、鎖国についてこう解説されている。

戦国末期、ポルトガル船のわが国来航によって、極東の島国日本ははじめて世界史にとりこまれることになった（この段階の西欧人はメキシコ、ペルーの例でわかるように、凶暴きわまりない存在であった）。近世初頭は、世界史にとりこまれたという初体験のもとでどのように生きてゆくかという難問に、日本が必死の努力をもって対応した時代である。そして〝鎖国〟という体制はその解答であった。

〝鎖国〟という言葉の持つ語感から、われわれはわが国が、この行為によって諸外国にたいして国を閉ざして貿易、交通さえしなかったと誤解しがちであるが、鎖国後のほうがその前よりわが国の対外貿易額は増えているのである。また江戸時代の〝鎖国〟なるものを誤解しないためには、国家というものはどんな時代でも密度の差異はともかくとして、必ず鎖国体制（対外管理体制）をとるものであることを承知しておく必要があろう。

〝鎖国〟とは一度とりこまれた世界史の柵から、日本が離脱することではなく、圧倒的な西欧諸国との軍事力（文明力）落差のもとで、日本が主体的に世界と接触するための手段であった。つまり〝鎖国〟とは鎖国という方法手段によるわが国の世界への〝開国〟であったとすべきであろう。

（大石慎三郎『江戸時代』中央公論社 p19〜20）

「鎖国」という言葉を読み下すと「国を鎖《とざ》す」となり、世界の中で孤立した状態を連想してしまうところだが、江戸幕府が寛永期に行った対外政策は、「国を鎖す」というものではなく、わが国にキリスト教が流入し侵略の種を蒔かれることを阻止するために、貿易を幕府のコントロール下に置いた点が重要である。

「鎖国」についてこれまで何度も耳にしてきたのは、「鎖国は日本の損失であった。もし日本が鎖国をせず、広く西洋文明を取り入れていたならば、日本はもっと発展していたはずだ」という類の議論だが、西洋との貿易をオランダ一国に絞り込みながらも貿易量はむしろ増加し、海外の事情も入手できていたのである。

もし戦国から江戸時代にかけて諸大名が自由に外国と往来できる状況が放置されていたならば、早い段階でわが国の一部が西洋の植民地となっていてもおかしくなかった。大石氏の言葉のとおり、この時期の西欧は「メキシコ、ペルーの例でわかるように、凶暴きわまりない存在」であり、わが国においてもこの時代に、多くの住民が奴隷にされ、寺や神社や仏像などが大量に破壊されたのである。

江戸幕府が寛永期に行った外交・貿易に関する諸施策については、マイナス面があったことは否めないが、マイナス面だけを見てプラス面を充分に考慮しない歴史叙述はバランスを欠くものである。

ところで、西尾氏が「学問上の思慮の欠落」と痛烈に批判した「鎖国」に関する歴史叙述については、最近の教科書の世界ではかなり改善されてきているようだ。

例えば『もういちど読む　山川日本史』では「鎖国令」という言葉は使われておらず、「１６３３（寛永10）年には、日本人の渡航は、朱印状のほかに老中奉書という別の許可状をうけた奉書船にかぎることとした。そして１６３５（寛永12）年には、日本人の海外渡航と国外にいる日本人の帰国とを全面的に禁止した」と書かれている（ｐ１６０）。そして島原の乱ののち禁教政策は一層厳しくなり、寛永十六年（一六三九年）にはポルトガル船の来航が禁止され、その結果、「朝鮮・琉球以外で日本に来る外国船はオランダ船と中国船だけになり、その来航地も長崎一港に限られ」、中国船からの輸入額が年々増加して次第に制限が加えられるようになったことが記されている（p162）。

『もういちど読む　山川日本史』では、寛永期のこのような一連の政策を「鎖国政策」と表現してはいるが、注釈で「鎖国」という言葉の適否について議論があることも述べた上で、「幕府はここ（長崎）を窓口としてヨーロッパの文物を吸収するとともに、…オランダ風説書によって海外の事情を知ることができた」と、昔の教科書と比べると、随分改善されていることは素直に喜びたい。

しかし、いくら教科書の叙述が変わったところで、多くの国民はその変化を知る機会を与えられているわけではなく、「鎖国令」が一六三九年に出されたという昔の教科書や参考書の記述をそのまま鵜呑みにしている人が大半ではないだろうか。高校や中学の教科書を知らないうちに変えられても、国民の常識とまでなってしまった「鎖国」のイメージは簡単には崩れない。

教科書の記述を全面的に変える時は、せめてマスコミなどでも大きく採り上げて、昔学校で教えていた内容が誤りであることを、何度も大きく伝えてほしいものである。

シーボルトが記した「鎖国」の実態

出島は寛永十三年（一六三六年）に、ポルトガル人を収容させるために長崎の港内に人工的に造られた埋立地だが、ポルトガル船の日本への渡航が禁止された後、平戸にあったオランダ商館が移されて、寛永十八年（一六四一年）にオランダ人の居住地となった。

島の形状は縦六十五メートル、横百九十メートルの扇形で、面積は一・三ヘクタールほどと狭く、その島にカピタン（商館長）の住まいのほか、商館で働く人々の住宅や乙名部屋、通詞部屋、札場、検使場、倉庫、番所など六十五軒の建物があり、カピタンのほか十数名のオランダ人が住んでいたのだが、閉じ込められていたという表現のほうが正しいのかもしれない。

後にオランダ商館医として来日し、鳴滝塾を開設して多くの弟子を育てたドイツ人のシーボルトが著した『日本交通貿易史』の第七章に、オランダ人が平戸から出島に居住させせられた時のことが記されているので紹介しておこう。文中のル・メールはオランダ商館長である。

千六百四十一年五月十一日（○我寛永十八年四月二日）ル・メールは商館とともに平戸を発して長崎に至るべき命令を受けて、同月二十一日（○我同年四月十二日）これを実行せり。出島という小島はその数年前に（○我寛永十一年より築造同じく十三年落成）ポルトガル人のため国立監獄の如きものとして築かれたるなるが、今はオランダ人の居住のために指定されたり。

彼等ここに到着するや、またしても甚しき侮蔑を受けたり。余は彼等の正当なる抗議を千六百四十二年総督ファン・ヂーメンが将軍の老中に宛てたる陳情書中に云いたるとおり、正しく翻訳して次に出だすべし。

『我等は長崎に到りしとき、ポルトガル人の住みし出島を居住地として指定され、ここにて監視され、何人とも話するを得ず、ポルトガルよりもなお悪様に待遇せられ、何か悪事をなし日本国に取りて危険なる人物の如くに取扱われしは。これ吾人を侮蔑し吾人に大損害を与えつつなされたるにて、吾人はこの島の借賃として五千五百両を懲めさせられたるが、これ我貿易の甚き損害なり。』
『右出島にて、また船の舷上にて神の奉仕を禁ぜられたるは我等を悒鬱ならしめ、また我等が古来の自由自主に反するなり。陸上にても舷上にても、我等の死者は海中に沈めねばならず、日本の土地はオランダ人には恵まれず。我船舶は長崎に投錨するや、厳重に捜査せられ。鉄砲弾薬その他の戦具は船より降し、帝室の倉庫内に蔵められ。船上の帆は封印せられ、櫂・舵は揚げられて、再び帆を張らねばならぬ日の確定するまで、陸上に蔵め置かる。船が検査を受けて荷卸しもすめば、我等の荷物及び士官達は検査官のため、何の訳なくに、犬の如くに棒にて打のめされ、そのため色々の悶着も起こることあり。我等は船の上に於て、そこに流竄されたる如く、検査官に予め申入れずば、他の船にも陸地にも行くこと叶わず。

（＊フィーリップ・フランツ・フォン・シーボルト、呉秀三訳『シーボルト日本交通貿易史』p168～170）

ある程度誇張もあるのだろうが、オランダ人が長崎奉行から相当ひどい扱いを受けたことは読めばわかる。そのような扱いを受けながら、出島の賃借料を五千五百両も払わされたというのだから、オランダ人も我慢の限界だったのだろう。
オランダ領インド総督ファン・ヂーメンが、江戸幕府の老中に宛てたる陳情書として長崎奉行に提出した文書の最後にはこう書かれていたという。

されば我等は日本より立退くかまたそこに留まるか（○決せざるべからず）。何れにせよ我等は次の年に地位高き人物に数個希珍物を添えてこれを長崎に送りて、将軍並びに各高官閣下に敬虔なる訣別を陳べ、若しまた昔年の如き自由にて用命を受くる様にてもあらば、なお永く日本に往来して、我恭順なる恩謝を効すべし。

（＊同書　p170）

また、総督は長崎奉行に対してはこのように伝えたという。

若し陛下にして自国に於て基督教国人に貿易を許さざる心積りならば、我等はこれを諒としてこれに応ずべく、帰去・更来・両様の準備は既に成り居るなり。

（＊同書　p171）

このような書状を提出したということは、ここまで書いてもわが国から譲歩を引き出すことができず、このような待遇が続くのなら、オランダは日本を去る覚悟があったということであろう。

オランダ総督の陳情書は江戸に送られず長崎奉行で処理され、オランダ人の待遇も以降はかなり改善されたようだ。そして陳情書を出した翌年の一六四三年はシーボルトの前掲書には「オランダ人が出島にて経験せし利潤最も多き年のひとつにて、貿易史上の白眉とも言うべきなりしが。」と書かれている。

要するに、長崎奉行はオランダに充分な経済メリットを与えて、オランダをわが国に止め置こうとしたのである。しかし、オランダ人の待遇が改善されたとはいえ、狭い小島で自由のない生活を強いられていたことには変わらなかった。

商館の入口の前には厳重なる布令を打ち。門番は長崎市街の連絡を遮ぎり、オランダ人は緊要なる理由なく、奉行の許可なくば、門より出づる能わず。日本人はオランダ人の家に宿泊すべからずして、そはただ公娼にのみに許さる。これに加え我等は国事犯人の如くに出島の内に厳かに監視され。日本人は彼等と日本語にて、しかも保証人（政府の隠密）なくば話するを得ず、また彼等の家を訪問するを得ず。奉行の下人は倉庫の鎖鑰を預かりて、オランダの商人は我所有物の持主とも云い難き状況にありたり。然るにオランダ人はすべてこれ一時の事柄にて、しばらくすれば過ぎ行くべきものならんとてこれを堪え忍び、長崎奉行、少なくもその下僚は、時々それを然かあるべきことの様に欺瞞して、オランダ人の希望を堅くせしめ。意気消沈し、不満に堪えざるに至れば、思い設けぬ貿易の利潤を啗わしてこれを励ますによりて、彼等はいつもいつも今よりはよき時の来るべきを望みて、物質的利得もて自らを慰めたり。

（＊同書　p178〜179）

このレベルでオランダ人の待遇が改善されたとは思えないのだが、長崎奉行は、彼らが不満を持ちそうなタイミングで儲けのよい取引をさせるなどして、うまくオランダ人を操っているつもりであったかもしれない。しかしながら、彼らは何度も不満を漏らしながらも、わが国との貿易で結構儲けていたのである。

出島を通して日本となせし貿易は、この如き制限ありしに関らず、長き年月オランダ領東インド商社に著しき利益を致し、金の輸出・銀の輸出も制限に制限を受けたれど、日本の銅は全インドを通じて価値騰貴したれば、日本銅の豊富なる輸出はこの損害を利潤にかえなしたり。銅の輸出は銀の自由に充分に輸出されし時代に於ても銀の輸出よりも利益ありたるが如く、今もなお輸入を棒銅に代えることは貨物を高価に金銭その物にて支払うよりも利益多きなり。（＊同書　p181）

オランダがわが国から輸入したのは銅と樟脳が大半だったのだが、シーボルトによると、わが国から輸出される銅の品質が評価されて世界で高値で取引されるようになり、オランダはその銅で儲けていたのである。

日本の銅をヨーロッパに持ち込んだのはオランダの東インド会社であるが、住友グループ広報委員会のＨＰに、一七七六年に刊行されたアダムスミスの『国富論』の第一編第十一章の引用があり、そこに日本の銅のことが記されている。

金属鉱山の生産物は、もっとも遠くはなれていても、しばしば競争しあうことがありうるし、また事実ふつうに競争しあっている。したがって世界でもっとも多産な鉱山での卑金属の価格、まして貴金属の価格は、世界の他のすべての鉱山での金属の価格に、多かれ少なかれ影響せずにはいない。日本の銅の価格は、ヨーロッパの銅山の銅価格にある影響を与えるにちがいない。

十八世紀には日本の銅の品質のよさが世界で知られていたわけだが、いくら高品質でも少量では、ヨーロッパの銅価格を動かすほどの存在にはなり得ない。ということは、わが国は世界の銅相場を動かすほど大量の銅を海外に流出させていたということになるのである。

では、どの程度の取引がなされていたのであろうか。

日本伸銅協会のＨＰによると、「１６９７年（元禄十年）の銅の生産高は世界一の約１０００万斤（６０００トン）で、長崎貿易の輸出量はその半分にも達する状況でした」と解説されている。

独立行政法人石油天然ガス・金属鉱物資源機構（ＪＯＧＭＥＣ）のＨＰで「銅ビジネスの歴史」というレポートが公開されており、わが国の銅の需給状況の変遷が詳細にまとめられている。

その第二章「我が国の銅の需給状況の歴史と変遷」に「江戸時代の銅輸出実績」が出ていて、元禄十年(一六九七年)の銅輸出量はそれまでの年と比べて突出しており、八九〇万斤(五三四〇トン)もの輸出がなされていると記録されている。

一方、わが国の銅の生産はどうであったか。

同じレポートに「主要二銅山(足尾銅山、別子鉱山)の生産推移」が出ているが、この二つの銅山を合算した生産量は、一六八八~一七〇一年の十四年間で二万九千九百六十二トン、一年平均で二千三百四十トンにすぎなかったと記載されている。

元禄期の日本人は、オランダや中国が運んできた商品に飛び付き、その支払額はわが国の銅の生産量を遥かに超えていたのである。

JOGMECの同レポートによると「一七世紀後半から一八世紀前半までは、日本が世界第一位の銅生産国であったと推測できる」とあるのだが、再生産が不可能な天然資源である銅を、国力の限界に近いところまで輸出して海外との交易を行っていたわが国が、「鎖国令」のもとで国を鎖していたと考えることはおかしなことだと思う。

拡大するばかりのオランダや中国との貿易を現状のまま放置していると、わが国の貴重な資源が枯渇してしまうことを怖れて、この取引に制限をかけようとしたのが新井白石である。

白石の自伝に、彼が正徳五年（一七一五年）に「海船互市新例」を制定した経緯についてこのように記されている。

前代（著者註：第六代将軍・徳川家宣）の御時（著者註：宝永六年、一七〇九年）、長崎奉行所に仰せて、「長崎において、海船互市のために費し用ひし所の金・銀・銅の数を聞こし召されしに、慶長六年辛丑より正保四年丁亥に至る迄、凡そ四十六年の間の事は詳ならず。慶安元年戊子より宝永五年戊子に至て、凡そ六十年の間に、外国に入りし所金弐百三拾九万七千六百両余、銀三拾七万四千弐百弐拾九貫目余也。銅の事は、寛文二年壬寅よりさき、六十一年の間の事は詳ならず。寛文三年癸卯より、宝永四年丁亥に至て、凡そ四十四年の間、壱億壱万壱千四百四拾九万八千七百斤余に及べり」と申す。（中略）試に、長崎奉行所よりしるし進らせし所によりて、其法を設けて、慶長より此かた凡そ百七年の間、外国に入りし金銀の大数をはかりて、又慶長より此かた我国にて造られし金銀の大数にくらべ見るに、金は四分が一をうしない、銀は四分が三をうしなうべし。さらば、今よりして後、金は百年を経て、其半を失い、銀は百年を出ずして我国にて用ゆべきものは有べからず。銅はすでに今海舶互市の料足らざるのみにあらず、我国の歳用もまた足らず。我国に産する万代の宝貨となるべきもの傾けて、遠方より来れる一時の奇玩となすべきものに易られ、これら貨利の事のために、我国威を損ずるに至らむ事、しかるべき事共とも覚えず。

（新井白石『折たく柴の記』岩波文庫　ｐ４００～４０２）

新井白石は、慶長以降一〇七年間に日本で算出した金の四分の一、銀の四分の三が貿易の支払いで国外に流出したとの調査結果を将軍徳川家宣に提出し、このままではあと百年もすれば金は半分となり、銀は百年も経たないうちに底をついてしまうことを懸念して、貿易制限を提案したのである。その結果、江戸幕府は年間の貿易枠を大幅に削減したのだが、その後この貿易枠がさらに削られていった。

前出のＪＯＧＭＥＣのレポートに江戸幕府の銅輸出実績が出ているが、ピークの一六九七年には五千三百四十トンもあった銅の輸出が一七四二年には千二百六十トンに激減していることがわかる。それは銅の生産量が大幅に減少したことが背景にある。

先に紹介した主要二銅山の生産推移によると、十八世紀の終わりには足尾銅山の銅がほとんど採れなくなり、十九世紀には銅の生産を中止しているのだ。これは重要なポイントである。

この時代にわが国の産品で海外に輸出できる商品は、貴金属と樟脳ぐらいしかなかったのだから、銅が採れなくなれば、貿易額が縮小されることは当然のことであった。言葉を変えて言うと、わが国は、いわゆる「鎖国」後も、相手国はオランダと中国の二国だけではあったが、国富・国力の限界に近い水準まで貿易を行っていたのである。

もしわが国が徳川家光の時代に「鎖国」を選択せず、その後独立国家を維持できていたとしても、貴金属の生産量で貿易量が制限される点については同じことで、普通の商品売買においては、貿易を自由にできるようにしたところで貿易高が大幅に拡大するわけではないのである。

わが国はオランダを除く欧米列強から見れば、江戸時代幕末期まで国を鎖していたことになるのかもしれないが、家光の時代の「鎖国令」以降、世界の銅相場を動かすほどわが国の貿易高が拡大したという歴然とした史実を考慮すると、わが国全体としては、江戸時代の長きにわたり「鎖国」をしていたという表現が適切であるとは思えない。

にもかかわらず、わが国の一般向けの教養書には、そのような史実はどこにも書かれておらず、「江戸幕府は鎖国令を出して外交・貿易を制限し、世界の中で孤立していった」的な通説に矛盾する史実は、ほとんどが無視されている現状にある。

その理由はどこにあるのだろうか。

幕末の欧米列強も、明らかにわが国を侵略する意図を持っていた。その意図を隠して彼らの為したことを正当化させるためには、わが国が問題国であり、その国を開国させることに義があったという物語を描こうとするはずだ。同様に明治維新を成し遂げたメンバーが彼らの改革を正当化するためには、江戸幕府が無能であり、討幕することに義があったと書こうとするだろう。

「鎖国」から「開国」につながる流れにおいて、江戸幕府を一方的に悪者にする歴史叙述は、欧米列強にとっても薩長にとっても都合のよい歴史である。戦後の長きにわたり、わが国の学界やマスコミや教育界は、この視点に立った歴史叙述を無批判に受け入れ、拡散してきたとは言えないだろうか。

いつの時代もどこの国でも、勝者は自らにとって都合悪い史実を封印し、都合のよい歴史を編集して国民に拡散する傾向にある。したがって、勝者が広めようとした歴史叙述を学んでも、それが真実であるという保証はないのだ。

真実は、勝者が広めようとした歴史と、封印しようとした歴史の双方をバランスよく学び、その違いを知ることによって、少しずつ見えてくるものではないかと私は考えている。

あとがき

京都のお寺の次男として生まれ育ち、普通の大学の経済学部を卒業して普通の会社に就職し、今年の一月に勤務先で定年を迎えることになった。「しばやんの日々」というブログを始めてもうすぐ十年になる。初めは軽い日記のようなつもりで、日々考えたことを書くつもりだったのだが、当時調べていた日本史の話題を記事にしたところ、多くの読者から要望があり、いつしか日本史の記事に特化することになった。

学生時代はどちらかというと歴史よりも数学など理系科目の勉強のほうが好きだったので、こんなに長く日本史の話題で記事が書けるとは思ってもみなかったのだが、ブログ記事を書くことで多くの読者の皆さんから刺激をいただき、自分なりに調べていくと次から次へと新しい疑問が湧いてきて、次第に歴史を学ぶことが楽しくなっていった。

昔なら何度も図書館通いをしなければ調べられなかったことが、今では「国立国会図書館デジタルコレクション」で容易に戦前の書物を読み漁ることができ、なかなか手に入らない書物も、ネットの書籍検索で中古本や電子書籍などを入手することが可能となっている。また検索キーワードを工夫すれば、様々な情報源をネットで得ることができ、パソコンさえあれば自宅で大量の情報にアクセスすることが可能になっていることはありがたいことである。

自分一人で勉強するだけなら、こんなに調べることはなかったと思うのだが、ブログをはじめたことで私の好奇心に火がついて、知ること・調べることの楽しさを味わいながら、自室にこもってパソコンに向かって記事を書くことが日課になっている。

読者の方から「本にまとめてほしい」とのコメントをいただくことが多くなってきたので、自分なりに鉄砲伝来からおよそ百年にわたるわが国の歴史をテーマにまとめることにした。この時代の歴史叙述については学生時代からいろんな疑問があり、なぜわが国が西洋の植民地にならなかったのか、なぜキリスト教を厳しく弾圧したのか、なぜ鎖国という選択をしたのかという問題に、長い間納得できる回答を得ることができなかったのだが、この時代に大量の日本人が奴隷にされ、世界に売られていた事実を知ってから、いろいろ調べていくうちに多くの疑問が氷解していった。

私のブログで、「いつの時代もどこの国でも、勝者は自らにとって都合の悪い史実を封印し、都合の良い歴史を編集して国民に拡散する傾向にある。したがって、勝者が広めようとした歴史叙述を学んでも、それが真実であるという保証はない。」ということを繰り返し書いてきた。

戦後におけるわが国においては、戦勝国にとって都合の悪い史実が封印され、日本だけが悪い国であったとする歴史観が広められ、特に「大航海時代」と呼ばれる時代に関しては、キリスト教勢力に対して過度に忖度した歴史叙述が幅を利かせるようになっていると思われる。

一神教であるキリスト教を奉じる西洋諸国が、十五世紀以降ローマ教皇の教書を根拠にして武力を背景に異教徒の国々を侵略し、異教徒を奴隷として売り払い、さらにその文化をも破壊してきた歴史を抜きにして、戦国時代から江戸時代にかけてのわが国の宗教政策や外交政策は語れないと思うのだが、戦後に入ってからはキリスト教の負の歴史はほとんど封印されてしまっている現状にある。このことは先の大戦の戦勝国の多くがキリスト教国であることと無関係ではないのであろう。

この時代にわが国が西洋の植民地にならなかった理由について、鎖国によって国を閉ざしたからだという議論があるのだが、鎖国することを宣言したところで、どの国も攻めてこないという保証はどこにもない。この時代に多くの東南アジアの国々が西洋諸国の植民地になったのだが、たとえ海禁政策をとっていた国であっても、一方的に西洋諸国に武力で国を奪われたのである。

いつの時代もどこの国でも、侵略する意思のある国から国を守るには、相手が戦うことを断念せざるを得ない状況を作ることが必要である。この時代に、多くの寺社が破壊され、多くの日本人が奴隷として世界に売られていったのだが、それでもわが国が西洋の植民地とならなかったのは、当時のわが国の武士が勇敢で、西洋よりも優秀な武器を大量に保有していたことが重要なポイントであることは言うまでもない。しかし、さらに重要なのは、スペインやポルトガルにわが国を侵略する意思があり、宣教師がその先兵の役割を担っていることを早くから察知していた為政者がわが国にいたことである。また、キリスト教が伝来する六年も前にわが国に鉄砲が伝来したという点も見過ごせない。わが国は鉄砲伝来からわずか一年でその製造に成功し、その後近畿を中心に大量生産体制を早期に整え、多くの大名がすでに大量の鉄砲を保有していたことは宣教師たちにとって想定外であったに違いない。

宣教師たちは、武力で日本を征服することの困難さを認識し、まずはキリスト教の布教を強化し、キリシタン大名を支援することで日本国の分断化をはかる。その上で、キリシタン大名の助力を得てシナと朝鮮半島を征服し、機が熟すのを待って、朝鮮半島から最短距離で日本を攻撃し、キリシタン大名を味方につけてわが国を二分して戦おうと考えていたことが、彼等の記録から推測できる。

しかしながら、恐らく秀吉はその魂胆を見抜いていて、天正一九年（一五九一年）フィリピン、マカオに降伏勧告状を突き付けてスペイン・ポルトガルを恫喝し、その翌年には朝鮮に出兵（文禄の役）しているのだ。

秀吉の朝鮮出兵については、晩年の秀吉の征服欲が嵩じて、無意味な戦いをしたというニュアンスで解説されることが多いのだが、当時の記録を読めば秀吉は、スペイン・ポルトガルに先んじてシナを攻めることにより、両国がわが国を侵略する芽を摘もうとしたと考えるほうが妥当であろう。

一六〇〇年頃、スペイン・ポルトガルに続いて、オランダとイギリスがアジアに進出してきた。カトリック国であるスペイン・ポルトガルとプロテスタント国であるオランダ・イギリスはアジアにおいても激しく対立していたのだが、江戸幕府は、布教を条件とせず貿易だけでアプローチしてくるオランダ・イギリスに次第に傾斜していき、ついにキリスト教禁教令を出すに至った。そしてオランダの助力により島原の乱に勝利したのち、幕府は海外貿易の相手国を、オランダ・中国に絞り込み、貿易港を長崎の出島に限定して、出入国を厳しく規制したのである。

この時代の解説本には「鎖国」という言葉がよく使われているのだが、江戸幕府が寛永期に行った対外政策において、わが国は決して国を鎖したわけではない。寛永十六年（一六三九年）にポルトガル船の入港を禁止した以降のほうが海外貿易高はむしろ増加し、わが国の貿易高は世界の銅相場を動かすほどの規模で行われていたことを知るべきである。

オランダを除く欧米諸国から見ればわが国は国を鎖していたのかもしれないが、わが国が「鎖国」という言葉を使うことは適切とは思えない。わが国は寛永期において、海外との交易に際してキリスト教が流入し侵略の種を蒔かれることを阻止するために、キリスト教を布教しようとする国と断交し、貿易を幕府の厳しいコントロール下に置いたわけだが、この施策によってスペイン・ポルトガルの野望を完全に砕くことができたと私は考えている。

菊池寛の『海外に雄飛した人々』（＊新潮社　昭和16年　ｐ１２０）に、英国人のバラード中将が「ヨーロッパ諸国民の立場から言えば、徳川幕府が三百年間日本人の海外発展を禁じてしまったのは、もっけの幸いであるというべきである。もし、日本が、秀吉の征韓後の経験にかんがみ、盛んに大艦や巨船を建造し、ヨーロッパ諸国と交通接触していたならば、スペイン・ポルトガル・オランダなどの植民地は、あげて皆日本のものとなっていたであろう。否、インドをイギリスが支配することも出来なかったかもしれない。」と記していることを紹介している。わが国の鎖国について、イギリスでこのような考え方があることをこの本を読むまで知らなかったのだが、この時代の日本人の勇敢さと武器性能の優秀さを理解すれば、充分納得できる話ではある。

バラード中将の言うとおり、江戸幕府がその気になっていれば、東南アジアから白人勢力を排除するくらいのことはできたのかもしれないが、そんなことをしていれば、いずれわが国は東南アジアの紛争に巻き込まれて西洋の列強と戦わざるを得なくなり、国力を削がれることになっていたに違いない。その意味において、寛永期に江戸幕府が行った対外政策は、国防の観点から考えると、納得のいくものであったと思う。

本書の内容は、このテーマについて私のブログに書いてきた四十本以上の記事をまとめたものだが、バラバラに書いてきたこれらの記事の重複部分や、論旨の異なる部分を排除しながら一冊の本に書きなおすことは、当初想像していた以上に大変な作業であった。

原稿を纏めるにあたっては、文芸社編集部の塚田紗都美さんに大変お世話になった。また出版を勧めていただいた同社出版企画部の小野幸久さんをはじめ、地味な私のブログを熱心に読んで頂き、温かいコメントや励ましの言葉で私のブログ活動を支えてくださった読者の皆さんに、心からのお礼と感謝の言葉を申し上げたい。

平成最後の年の正月　大阪にて

しばやん

著者プロフィール

しばやん

京都のお寺に生まれ育ちながら、中学・高校はカトリック系ミッションスクールで学び、大学卒業後、普通の会社員となる。役員退任後に勤務を継続するかたわらでブログ「しばやんの日々」の執筆を開始し、大手ブログランキングサイトの日本史分野で第1位を獲得。

大航海時代にわが国が西洋の植民地にならなかったのはなぜか

2019年4月15日　初版第1刷発行
2022年2月25日　初版第3刷発行

著　者　しばやん
発行者　瓜谷 綱延
発行所　株式会社文芸社
〒160-0022　東京都新宿区新宿1－10－1
電話　03-5369-3060（代表）
03-5369-2299（販売）

印刷所　株式会社平河工業社

ISBN978-4-286-20193-1